校园足球教学与后备人才培养研究

刘 彬 ◎著

中国书籍出版社
China Book Press

图书在版编目(CIP)数据

校园足球教学与后备人才培养研究 / 刘彬著. -- 北京 : 中国书籍出版社, 2024.5
ISBN 978-7-5068-9886-7

Ⅰ.①校… Ⅱ.①刘… Ⅲ.①足球运动—体育教学—人才培养—研究—中国 Ⅳ.①G843.2

中国国家版本馆CIP数据核字（2024）第101128号

校园足球教学与后备人才培养研究

刘 彬 著

丛书策划	谭 鹏 武 斌
责任编辑	李 新
责任印制	孙马飞 马 芝
封面设计	博健文化
出版发行	中国书籍出版社
地 址	北京市丰台区三路居路97号（邮编：100073）
电 话	（010）52257143（总编室） （010）52257140（发行部）
电子邮箱	co@chinabp.com.cn
经 销	全国新华书店
印 厂	三河市德贤弘印务有限公司
开 本	710毫米×1000毫米 1/16
字 数	214千字
印 张	13.5
版 次	2025年1月第1版
印 次	2025年1月第1次印刷
书 号	ISBN 978-7-5068-9886-7
定 价	86.00元

版权所有 翻印必究

目 录

第一章　校园足球的发展状况与策略　　　　　　　　　　　1

  第一节　校园足球产生的背景　　　　　　　　　　　1
  第二节　校园足球的发展概况　　　　　　　　　　　7
  第三节　校园足球发展的困境　　　　　　　　　　　11
  第四节　校园足球发展策略的思考　　　　　　　　　15

第二章　校园足球教学指导与改革创新　　　　　　　　　　22

  第一节　校园足球教学理念与原则　　　　　　　　　22
  第二节　校园足球教学内容与方法　　　　　　　　　31
  第三节　校园足球教学模式构建　　　　　　　　　　37
  第四节　校园足球课堂教学的实施　　　　　　　　　43
  第五节　校园足球教学改革与创新　　　　　　　　　45

第三章　校园足球后备人才培养理论与模式　　　　　　　　51

  第一节　校园足球后备人才培养理论　　　　　　　　51
  第二节　校园足球后备人才训练理论　　　　　　　　66
  第三节　我国校园足球后备人才培养模式概况　　　　69
  第四节　构建校园足球后备人才体教融合培养模式　　74
  第五节　国外校园足球后备人才培养模式对我国的启示　78

第四章　校园足球后备人才基础素质培养　83

第一节　校园足球后备人才文化素质培养　83
第二节　校园足球后备人才体能素质培养　90
第三节　校园足球后备人才心理素质培养　100
第四节　校园足球后备人才智能培养　115

第五章　校园足球实践教学与后备人才技能培养　122

第一节　校园足球技术与战术教学　122
第二节　校园足球后备人才技战术能力训练与培养　134
第三节　校园足球后备人才技能训练改革与创新　143

第六章　校园足球后备人才培养的科学保障　151

第一节　加强校园足球风险监控与防范　151
第二节　注重运动营养补充与损伤处理　155
第三节　健全校园足球后备人才培养机制　164
第四节　加强校园足球后备人才培养管理　170

第七章　校园足球游戏教学与趣味练习　173

第一节　校园足球游戏教学设计　173
第二节　熟悉球性类游戏学练　182
第三节　身体素质类游戏学练　189
第四节　足球技术类游戏学练　192
第五节　足球战术类游戏学练　196

参考文献　205

第一章 校园足球的发展状况与策略

校园足球是足球运动的重要组成部分，我国校园足球的产生与发展，是在我国足球运动的基础上发展和建立起来的，校园足球与我国足球运动甚至整体竞技体育事业的发展都有着重要的关系。本章将从校园足球产生的背景、校园足球的发展概况、校园足球发展的困境以及校园足球发展策略的思考几个方面展开分析。

第一节 校园足球产生的背景

一、历史背景

校园足球的产生与青少年足球运动有着密切的联系。我国青少年足球运动发展至今取得了一定的成绩。1964年，当时有关政府部门联合召开全国足球训练工作会议，《关于大力开展足球运动，迅速提高技术水平的决定》在此次会议上颁发。1979年，我国明确提出普及足球运动要深入人民群众，要引导青少年参与足球运动，要组建青少年足球队，要先确定发展足球运动的重点地区，为了促进青少年参与足球运动，国家组织"萌芽杯"足球比赛、"幼苗杯"足球比赛和"希望杯"足球比赛。1980年，《关于在全国中小学中积极开展足球运动的联合通知》由国家颁发，至此我国青少年足球运动的发展迎来了高潮。我国充分认识到要从小培养优秀的足球苗子，要从青少年群体中选拔与培养优秀的足球后备人才。1985年，我国青少年足球运动的发展又迎来了新的高潮，主要标志是我国举办了U16足球世界锦标赛。

2009年4月14日，《关于开展全国青少年校园足球活动的通知》由有关部门颁发，根据文件指示，校园足球活动的开展受到重视，各级学校密切衔接的校园足球联赛的创办也提上日程，全国各地面向青少年群体对足球运动加以普及，学校积极建设积极向上的校园足球文化，并对有天赋的足球苗子进行选拔，培养全面发展又有一技之长的青少年人才。青少年足球运动又一次迎来发展高潮。

二、时代背景

职业化是足球运动发展的一个重要方向，职业足球的发展非常重要，我国从国内足球运动发展情况出发，并借鉴欧洲职业足球联赛的成功经验，于1994年组织职业足球联赛，推动了国足的市场化进程，职业足球俱乐部也承担起了培养青少年足球后备人才的重任。但是因为职业足球俱乐部经营管理存在问题，所以培养青少年足球人才也是问题重重，对我国青少年足球的发展及足球人才的培养起到了制约性影响。2008年，中国足球运动队在各大比赛中接连碰壁，男子足球队更是被称为三流球队，严重损坏了国家形象。我国举办北京奥运会后，体育事业的发展迎来辉煌时期，但对比发现，我国足球和我国其他优势项目如乒乓球的发展明显呈两种状态，在后奥运时代，我国致力于改革足球体制、振兴中国足球，甚至在近些年将振兴国足、发展中国足球上升到国家战略的层面。

三、社会背景

我国是世界体育大国，我国近些年在奥运会上接连取得好成绩，获得的奖牌数和金牌数都很可观，这份成绩让国人骄傲自豪。但是我国足球运动的发展却依旧没有起色，尤其是男子足球，中国足球发展的落后状态受到了国家和社会的广泛关注，政府部门多次强调要大力改革国足体制，加快发展中国足球。国家体育总局和有关政府部门共同开展关于足球整治与改革的工作，以改变国足的落后面貌，把中国足球拉出谷底。

四、中国足球的改革

我国是世界上名副其实的体育大国，但要从体育大国发展成为体育强国还有很长的路要走。体育强国建设是一项国家战略，这是我国体育事业未来一段时期的发展方向与目标。建设体育强国，既要有很多体育项目的发展水平居于世界前列，又要有良好的体育综合实力，体育发展的总体水平要高，要在世界体坛居于重要地位，竞技成绩和综合实力都要名列前茅。

我国作为体育大国，在竞技体育发展方面取得了骄人的成绩，这从我国在奥运会上获得的金牌数和奖牌数就能体现出来。美国在奥运会上的成绩一直都很好，游泳、田径和三大球是美国夺取金牌的主要优势项目，而乒乓球、体操、羽毛球、跳水等是我国在奥运会上夺冠的热门项目。相比而言，美国竞技体育中发展好的项目如奥运会中的热门夺冠项目在学校也普及得很好，而我国的体操、跳水、羽毛球等竞技强项在普通群众和青少年学生群体中还不够普及，我国主要依靠国家资源培养优秀运动员人才，学校在这方面发挥的作用并不突出。发展足球运动不仅需要国家提供各种资源的支持，还需要建立良好的群众基础，尤其是青少年基础。此外，建设体育强国，不仅是在奥运会上取得好成绩就可以了，还需要发展弱势项目，提高整体水平，同时要兼顾群众体育、学校体育的发展，提升体育文化软实力，建设与完善体育设施，使体育事业的各个方面都能在世界上占据重要地位，排在前列。

要实现中国足球崛起的目标，就要挖掘足球运动的价值，提高大众的参与度，进一步普及足球运动，营造良好的全民参与足球的氛围，并加强对足球后备人才的培养，为中国足球注入新鲜的血液与全新的活力，可见，振兴国足是一项大工程。振兴国足的计划和体育强国战略方案不谋而合，足球运动有强大的感召力和广泛的影响力，如果我国能将足球运动发展好，那么离实现体育强国战略目标的距离也会更近一步。

中国足球尤其是男子足球在各大足球比赛中接连受挫，中国足球面临着尴尬的发展处境，屡战屡败给国足沉重的打击，使中国足球陷入艰难，面临极大的挑战与困境。中国足球的发展水平与我国体育大国的身份不协调，为了与我国作为世界体育大国的地位相称，我们必须要大力发展足球，改善现状，提高发展水平。

中国足球经过多次改革后在竞技领域依然没有明显的成效，尤其是男子足球队依旧在各大赛事中频频以失败告终，经过一次次的失败后，中国足协总结经验教训，认识到青少年足球是中国足球发展的突破口，确立了大力发展青少年足球的决心。2009年，《关于开展全国青少年校园足球活动的通知》及"实施方案"由国家体育总局和教育部联合下发。在这之前，自中华人民共和国成立以来我国体育总局和教育部针对体育单项的发展而联合下发文件的情况还没出现，这个"第一次"足以看出国家对青少年足球的重视及国家面向青少年群体而推广足球运动的决心。青少年校园足球活动起初先在青岛启动，后来足球进入全国各地中小学中。从方案启动到现在，我国开展校园足球活动的中小学已有2000多所，遍及全国几十个城市。

总之，我国开展校园足球运动不仅是为了发展中国足球，培养优秀人才，同时也是为了增强青少年体质，对青少年顽强拼搏、团结协作等体育精神进行培养，在这一培养目标和思想的指引下，校园足球活动越来越普及，各级学校相互衔接的足球联赛逐渐形成并完善，足球知识和运动技能在青少年群体中普及率不断提升，校园足球氛围越来越浓厚，青少年足球后备人才的培养也取得了一定的成绩。

五、校园足球的产生

（一）校园足球的诞生

足球是全球最具影响力的单项体育运动，故享有"世界第一运动"的美誉，它对个体和社会的发展都具有积极的促进作用及意义。校园足球活动正是在我国足球运动发展滞后以及青少年体质不断下降的背景下产生的。

2008年，中国足球运动队在各大比赛中接连碰壁，男子足球队更是被称为是"三流球队"，严重影响了国家形象。由于我国成功地举办了北京奥运会，这使得我国的体育事业发展迎来辉煌时期，但对比发现，我国足球和我国其他优势项目（如乒乓球）的发展明显呈两种状态，在后奥运时代，我国致力于改革足球体制，振兴中国足球，甚至在近些年将振兴、发展中国足球上升到国家战略的层面。

作为世界体育大国，我国近些年在奥运会上接连取得好成绩，获得的奖牌数和金牌数都很可观，这份成绩让国人感到骄傲和自豪。但是我国足球运动的发展却依旧没有起色，尤其是男子足球，其发展的落后状态受到了国家和社会的关注，政府部门多次强调要大力改革国足体制，加快发展中国足球。国家体育总局和有关政府部门共同开展关于足球整治与改革的工作，以期改变国足的落后面貌，把中国足球拉出"谷底"。

我国足球整体缺乏良好的基础，尤其是缺乏青少年基础，缺少优秀的青少年足球后备人才，这是长久以来中国足球在世界各大比赛中没有取得良好成绩的一个重要原因。2010年，我国足球协会发布文件明确指出当前我国青少年足球的发展面临着很大的困境与许多的问题，并提议采取措施扩大足球人口规模，扩大青少年足球人口。中国足球的持续健康发展离不开青少年足球，后者是前者非常重要的"基石"。而要发展好青少年足球，就要努力做好两个方面的工作：一方面是加强足球运动在青少年群体中的普及，扩大青少年足球人口规模；另一方面是培养青少年足球人才提高青少年足球水平。为促进青少年足球运动水平乃至整个足球运动水平的提升，促进中国足球的振兴，有序开展青少年足球工作，中国足协制定相关方案，对青少年足球运动发展现状进行调查，并分析发展中存在的问题，明确指出足球后备人才培养基础薄弱、培养乏力、青少年足球运动员数量少及质量有待提高等问题，并明确表示这是我国竞技足球和职业足球发展滞后的主要原因之一。方案中还针对中国青少年足球发展现状与问题而提出了改革要求与发展思路，明确了青少年足球发展的指导思想和发展思路，确定了发展目标，提出了具体工作任务和工作开展步骤，从多个维度推进中国青少年足球工作的稳步和高效开展。

中国足球经过多次改革后在竞技领域依然没有取得明显的成效，尤其是男子足球队依旧在各大赛事中频频以失败告终，经过一次次的失败后，中国足协总结经验教训，认识到青少年足球是中国足球发展的突破口，确立了大力发展青少年足球的决心。2009年，《关于开展全国青少年校园足球活动的通知》及《全国青少年校园足球活动实施方案》由国家体育总局和教育部联合下发。在这之前，我国体育总局和教育部针对体育单项的发展而联合下发文件的情况还没出现，这个"第一次"足以看出国家对青少年足球的重视及国家面向青少年群体而推广足球运动的决心。青少年校园足球活动起初先在青岛启动，后来足球进入全国各地中小学中。从方案启动到现在，我国开展校园足球活动的中小学已有2000多所，遍及全国几十个城市。我国开展校园足球运动不仅是为了发展中国足球，培养优秀人才，同时也是为了增强青少年体质，对青少年顽强拼搏、团结协作等体育精神进行培养，在这一培养目标和思想的指引下，校园足球活动越来越普及，各级学校相互衔接、形式多样的足球联赛逐渐形成并完善，足球知识和运动技能在青少年群体中普及率不断提升，校园足球氛围越来越浓厚，青少年足球后备人才的培养也取得了一定的成绩。

（二）校园足球的起步

校园足球活动在我国开展以来，各级政府给予了很大的财政支持，从资金上保障校园足球活动的顺利开展。为开展校园足球活动而投入的资金中，很大一部分用于建设学校足球设施，足球场地、器材等是足球运动开展的基础条件，基础设施的改善为校园足球的顺利开展提供了最基本的保障。我国在校园足球场地建设中，既有新建的场地，也有改建和修缮的场地，经过这些努力，我国校园足球场地总数已有四万块左右，这为青少年参与校园足球活动提供了基础条件，因此，在物质基础层面打破了原来因为缺少场地而限制青少年足球后备人才发展的尴尬局面。

我国除了在校园足球基础设施建设上做了努力外，在足球师资引进与培养方面也做了大量工作，我国培养了大量的体育骨干教师，并为校园足球特色学校引进有很强管理能力的管理人才，为优秀足球师资创造与提供学习与培训机会，经过不断努力，接受过专门培训的体育师资不断增加，中小学体育教师新增数量增加，在师资培训上投入了大量财力、人力资源，缓解了足球师资不足与青少年足球发展需求日益增加的矛盾，为校园足球活动的顺利开展和提高校园足球活动开展水平提供了人力保障。

此外，围绕开展校园足球活动而组织的各类会议不断增加，会议上讨论校园足球活动开展中出现的问题，以及已经预见到的问题。

第二节 校园足球的发展概况

一、校园足球的发展历程

我国校园足球的发展大致经历了无序发展、初步发展以及快速发展三个阶段。

（一）无序发展

2009年以前，我国校园足球活动，包括足球教学、足球训练、足球竞赛等活动就一直持续不断地开展，但当时校园足球还未引起国家的高度重视，主要表现为政府没有出台相关规划与文件来扶持和指引校园足球发展，因为没有宏观引导，所以校园足球的发展处于无序状态。也有一些校园足球活动开展得比较好，如全国性的飞利浦中国大学生足球联赛，但因为各地经济发展不平衡，再加上足球氛围与传统的差异，所以校园足球活动的发展存在地区差异，经济发达、足球氛围好的地区校园足球发展水平高，经济落后及足球氛围差的地区校园足球发展水平低，没有形成全国一盘棋的局面。

例如，辽宁省根据本地校园足球的发展情况，由省足协和教育部门协作设立了一批中小学足球重点学校，这些学校是校园足球发展的重点学校，每年定期参加全省中小学足球比赛，校园足球发展模式覆盖全省，这类似于现在校园足球的发展模式。但当时我国其他地区并未出现类似的发展模式，各地校园足球存在显著的发展差距。

（二）初步发展

2009年4月，国家体育总局与教育部联合下发《关于开展全国青少年校园足球活动的通知》，以推动青少年体育工作的开展，增强青少年体质。这一文件指出要在各级学校全面开展校园足球活动，让学生学习与掌握足球知识、技能，并以学校为支撑，在体教结合体制的引导下构建青少年足球后备人才培养体系，创建新的足球人才培养模式。国家为成功启动校园足球发展计划，设置了专项经费，从体育彩票公益金中拨专款为校园足球的发展提供经费保障。之后短短几年内，全国各地纷纷建立校园足球单位，参与校园足球活动的在校学生突破100万名。

2014年10月，国务院发布《国务院关于加快发展体育产业促进体育消费的若干意见》，加强对校园足球的全面推广。同年11月，国务院召开全国青少年校园足球工作电视电话会议，此后教育部正式负责全国青少年校园足球工作。在接下来关于校园足球工作的开展中，有关部门一直强调要加强教育部门与体育部门的联系，形成体育与教育整合的发展模式，以大力普及与全面推广校园足球，不断提高青少年的身体健康水平，并培养优秀的足球后备人才，为我国足球事业的发展作贡献。

（三）快速发展

2015年3月16日，国务院办公厅印发《中国足球改革发展总体方案》，这是校园足球上升为国家战略的主要标志，此后，我国进一步加快发展校园足球的速度，取得了良好的成果。有关部门在全国范围内大力普及校园足球，提倡在学校体育教学中开设足球课程，要求每学期足球课的学时要达到一定的要求，满足学生的学习需要，吸引更多的学生参与足球活动。国家重点扶持校园足球特色学校，足球学校的发展取得了可喜的成绩。发展校园足球不但可以增强青少年学生的体质，还能扩大足球人口规模，为足球的发展奠定群众基础，为竞技足球和职业足球的发展储备优秀人才。

2015年7月，教育部发布《教育部等6部门关于加快发展青少年校园足球的实施意见》，文件指出，到2020年，全面支持建设2万所左右青少年校园足球特色学校，到2025年，支持建设5万所校园足球特色学校。

2016年，国家发改委公布《中国足球中长期发展规划（2016—2020年）》，指出进一步深化足球教学改革，不断丰富学校足球教学活动形式和教学内容，培养优秀的校园足球教师和教练员，提升足球师资专业技能和业务能力，并根据学生的身心发展特征开发足球网络课程，进一步完善校园足球课程教学体系。

2017年2月，教育部办公厅印发《关于加强全国青少年校园足球改革试验区、试点县（区）工作的指导意见》，该文件针对校园足球的改革问题提出了五项重点任务和四项保障措施，强调校园足球改革中的整体部署，针对校园足球教学、训练、竞赛等活动提出具有针对性的改革方案，形成完善的改革体系和规范的管理机制。

2018年，为了全面贯彻落实党的十九大精神和习近平新时代中国特色社会主义思想，我国认真总结校园足球工作经验，重点解决工作中存在的问题，继续加强校园足球基础设施建设工作，调整校园足球发展规划，完善校园足球教学、训练及竞赛体系，以做好校园足球各项相关工作，提高校园足球发展高度。[①]

二、校园足球发展取得的成绩

目前，我国校园足球工作还在继续开展，经过几年的发展，取得了如下成绩。

（一）同步推进足球教学普及与优化

我国从启动校园足球工作到现在已经有几年的时间了，经过几年的努力，已经完成了很多所全国校园足球特色学校的布局工作，设立了多个试点区县、改革试验区，随着足球特色学校及试点地区数量的不断增加，参与足球教学活动、业余活动与竞赛活动的中小学生人数达几千万人次，基本上实现了校园足球以普及为主的发展初衷。通过每年新增遴选学校的方式，陆陆续续让那些想开展且能开展校园足球活动的学校成功成为校园足球学校，促进了校园足球的普及以及学校布局的优化，而且通过年度评价机制，对那些开展不利、表面应付的学校提出警告乃至除名，有效约束了各级各类校园足球特色学校活动的开展，使得校园足球持续发展，同时也转变了社会对学校体育教育的陈旧观念，使社会各界认识到了校园足球作为奠基工程、育人工程以及探路工程的作用与价值。

（二）完善足球教学与校园竞赛体系

在全国校园足球课程教学指南的指导下，足球特色学校的足球教学持续开展，"校内竞赛—校际联赛—选拔性竞赛—出国交流比赛"为一体的校园足球竞赛体系初见成效，在竞赛体系引导下广泛开展小学、初中、高中、大

[①] 谢敏. 我国校园足球开展现状刍议[J]. 哈尔滨体育学院学报，2018，36（05）：56-60.

学四级联赛,并不断完善联赛制度,校园足球竞赛水平持续提高,各地校园足球四级联赛的比赛场次、参赛人数逐年上升,形成"班班参与、校校组织、地方推动、层层选拔、全国联赛"的校园足球竞赛格局,校园足球的育人功能得到进一步发挥。

(三)不断完善顶层设计与机制规划

围绕开展校园足球活动而组织的各类会议不断增加,会议上讨论校园足球活动开展中出现的问题,以及已经预见到的问题。通过文件、会议以及相关调查研究的共同作用,全面统筹规划、宏观指导以及综合管理等措施,进一步强化对校园足球的组织领导和管理工作。同时,有关部门不断出台各类相关制度,涉及校园足球活动发展的政策与制度越来越多,以全方面规范、引导和保障校园足球发展。在以教育部为主要牵头的组织领导下,不断研究、部署校园足球重大改革举措和重点改革任务,制定各类发展性和评价性制度,协调联动、统筹推进校园足球发展,取得了较好的成效。[①]

第三节 校园足球发展的困境

我国的校园足球发展较晚,在初期主要有教育系统承担起足球后备人才的选拔工作。但是对这些具有天赋的足球后备人才在进行专门的教学和培养过程中,由于主客观的许多原因,造成发展缓慢,甚至在一定程度上制约着我国校园足球的发展,本节将从几个主要影响因素展开分析。

---

① 邓毅. 推进校园足球改革发展中的问题呈现与破解对策研究[D]. 湖南师范大学,2019:21.

一、政策落实不到位

由教育部门和体育部门联合组成的校园足球主管机构存在责权不清晰、工作协调不到位，各自为政，监管责任不明确的问题，一些地方不同程度地存在着重规划、轻督察的现象。尽管已经下发了相关文件、制定了相关制度，但推进校园足球工作的招数不硬、措施不实等问题依然突出，工作执行过程缺少监督，导致政策贯彻落实不到位，制度执行力较弱，从而难以保障工作效果。

二、经费有限或不足

目前校园足球的经费来源主要是中央财政拨款和地方财政配套，一些地区受经济发展制约还不能提供配套资金。虽然政府不断加大对校园足球的财政支持力度，但政府财政拨款与校园足球的庞大体系和规模相比可谓杯水车薪。随着校园足球发展规模的扩大，发展资金的缺口进一步扩大。发展校园足球还需要更多资金支持。

良好的足球场地设施是校园足球发展的基础条件，足球场地数量是制约校园足球发展的主要因素之一，而且短期内无法彻底解决。总体上，中国各地均存在足球场地不足的现象，小学足球场地尤其少，因而限制了校园足球运动的广泛开展。[①]

三、师资力量薄弱

师资力量是发展校园足球的重要支柱，然而无论是物质准备还是人才准

[①] 王汉臣，陈金萍. 中国提升校园足球发展质量主要问题分析[J]. 沈阳农业大学学报（社会科学版），2019，21（05）：601-605.

备方面，我国依然存在着难以调和的问题，导致我国校园足球发展始终无法彻底摆脱困境。

（一）教学资源十分有限

为响应国家关于校园足球活动开展的方针政策，学校积极设置足球课程，组织足球教学，尤其是足球特色学校每周基本都能保证上一节足球课。但非足球特色学校普遍做不到每周上一节足球课，这与场地设施缺乏、师资力量薄弱等限制因素有关。学校也缺乏必要的足球教学资源，如缺乏系统性、统一性的足球教材，校本教材开发力度弱，课程设置缺乏合理性，教学方法落后等。学校足球课程体系建设水平还不够高，教学内容体系有待完善，课程组织与实施的延续性不强，不能有效衔接各阶段的足球教学目标和足球教学内容，尚未建立起统一的小学、中学、大学足球教学体系。

（二）足球教师缺口严重

教师资源也是非常重要的教学资源，但这类关键资源目前也是缺失状态，专业的足球教师比较少，而且大部分足球教师同时也是足球教练，专门的足球教练配备不足。如果靠传统培养计划来培养足球师资，以满足学校足球教学与训练的要求，那么我们需要几十年的时间才能配足，而且培养足球师资的渠道单一，短期培训又无法使非足球专业的体育教师具备足球执教与执训所要求的专业素养。足球师资数量缺口很大，现有师资专业性也有待提升，这也因此使得校园足球的发展受到了严重的制约。

四、城乡差异显著

各地足球运动的开展情况与发展水平与当地的经济发展水平有很大的关系。我国经济发展存在地区差异，所以各地校园足球活动的开展水平也存在差异，经济发展好的地区投入大量的经费支持校园足球活动的开展，足球设施、足球师资都配备齐全，而经济发展落后的地区没有能力设立专项资金来支持校园足球的开展，也没有强大的资源去培养优秀的足球师资。我国发展校园足球，经济相对发达的城市地区是主力，而乡镇及农村地区受经济条件限制，为全国校园足球发展而做出的贡献很少。可见，中国校园足球活动的开展存在显著的城乡差异。

五、校园足球竞赛体系及文化建设有待完善

在校园足球的发展初期，校园足球竞赛体系始终未得到应有的重视，因此发展较缓慢。随着时代的发展，人们逐渐意识到发展校园足球竞赛体系的重要性。

（一）校园足球竞赛有限

现阶段，我国校园足球竞赛的组织不够合理、规范，足球联赛赛制单一，还没有形成完善的包含小学、中学、大学在内的连贯衔接的三级竞赛体系，参加足球联赛的学校相对较少，而且参赛队伍的实力良莠不齐，大大影响了联赛质量，也弱化了举办联赛的价值和真实意义。此外，校园足球比赛形式不够丰富，赛事活动组织得较少，校内比赛和校际联赛缺乏必要的沟通与联系，这些都是校园足球竞赛体系不完善的主要表现。

（二）校园足球氛围不足

我国中小学缺乏良好的足球运动氛围，尚未建立起完善的足球文化体系，甚至有些高校也是刚开展足球运动不久，还在创建足球文化的摸索阶段。在我国校园足球发展过程中，有些学校急功近利，大搞形式主义和面子工程，对足球活动质量及开展足球活动取得的效果却丝毫不在意，这与我国发展校园足球的初衷与目标是相偏离的。学校缺少良好的足球活动氛围还与家长的不支持有关，有些家长认为踢球会影响学习成绩，所以不允许学生踢

球，因为缺少家长的支持，所以学生渐渐远离足球，学校足球文化建设受到严重影响。

第四节 校园足球发展策略的思考

校园足球是我国体育教育与竞技体育发展的重要基础工作，须不断完善和发展校园足球的教学水平，才能实现其发展目的。本节将从我国整体校园足球发展的策略，以及校园足球后备人才培养的策略两个方面进行研究和分析。

一、我国校园足球发展的策略

在努力推进我国校园足球发展的过程中，主要从以下四个方面进行。

（一）明确校园足球的发展定位

校园足球可以说是我国足球运动可持续发展的重要基础，作为一个人才培养基地，校园足球承担着为我国培养高素质足球后备人才的重要任务。为促进校园足球运动的健康发展，首先我们要明确校园足球的发展定位，认真研究与分析校园足球的发展背景及战略，从而准确把握校园足球发展的态势。

虽然近些年来我国逐步加大了足球运动发展的力度，采取了大量的措施与手段来提升我国的足球运动水平。但总体而言，目前我国的足球发展水平还是不容乐观的，与欧美等强国以及亚洲近邻日韩等国还有着不小的差距。近些年来，我国青少年足球人口在不断减少，导致足球选材的范围非常小，这对于我国足球运动的可持续发展是非常不利的。为推动我国足球事业的进一步发展。我国政府明确指出，要"坚持体教结合，大力发展校园足球"。在这一形势下，国家体育总局与教育部以此为契机，开展了大量的全国青少年校园足球活动，为我国校园足球的发展创造了良好的氛围。足球回归校园可以说是我国青少年足球后备人才培养模式的一个战略选择。在校园足球后备人才培养的过程中，我们要重点解决"规模小、质量差、成本高"等问题，只有创造一个浓厚的校园足球环境和氛围，才有可能挖掘与培养出大量的高素质的足球人才。

在新的时代背景下，我国校园足球发展的重中之重主要包括两个方面。一方面是加强足球运动的宣传与推广；另一方面是构建一个健全和完善的足球后备人才培养新模式，培养出一大批新型的足球人才。在校园足球发展的过程中，学生是这一培养模式的参与对象，要尽可能地为学生提供一个良好的运动环境，这样学生学习足球的兴趣才能得到有效激发，足球技能才能得到提升。校园足球是阳光体育运动的一项重要内容，校园足球活动的开展能够使足球与学校其他体育运动之间相互包容，使学校体育运动能够接纳足球运动，并组织与开设校园足球课程，开展校内外足球活动与比赛。校园足球活动是一种特殊的教育方式，我们要明确校园足球发展的基本定位，努力促进足球运动的可持续发展。

在校园足球运动发展的过程中，除了加强学生的身体素质、运动素质等方面的训练和提高外，还要建立一个普及和提高足球运动协调发展的工作机制，这有利于足球后备人才的挖掘与培养。

（二）加强宣传校园足球活动

当今社会是一个信息化社会，各种事物的发展都离不开信息传播。校园足球运动的发展也是如此。在当今信息化背景下，校园足球运动的开展离不开舆论宣传工作，其目的就在于通过舆论宣传使社会更多层面的大众知晓和了解校园足球开展的重要性和必然性，进而使他们也能够积极地参与其中并且为校园足球做好宣传与推广工作。

具体而言，校园足球运动的宣传与推广工作可以从以下方面展开。

1.重视足球运动核心价值的宣传

作为校园足球的工作者,应该要高度重视校园足球核心价值体系的建设,尤其是要高度重视发展定位、发展思路、培养理念等几个方面的内容,使公众能够更全面地认识校园足球,促进全社会对校园足球都积极支持与广泛参与的氛围的形成。对最广大的群众宣传校园足球运动具有非常现实的意义,其原因在于构成校园足球运动的主体正是千家万户的孩子,由于受我国传统家庭观念的影响,家长对孩子行为有一定的影响力,因此,只有通过一定的宣传与推广才能使学生、家长等给予校园足球充分认同和支持,为校园足球的发展提供良好的保障。

2.及时总结与推广

校园足球工作人员要做好经验的总结,并在适当的时机进行大范围的推广,对于那些足球运动开展较好的学校给予一定的奖励和表彰,发挥他们榜样示范的作用,引领其他学校发展校园足球运动。

3.充分发挥媒体的作用

校园足球在发展的过程中离不开必要的宣传与推广,而这些工作的开展则离不开各种媒体的利用,媒体可以说是推动校园足球发展的重要动力。因此应该借助多样化的现代便捷信息传播途径,如网络、电视等媒体,并结合青少年的身心特点,促进以网络媒体为核心、电视媒体和平面媒体为辅助的形式多样、点面结合的校园足球宣传推广工作平台的形成,促进校园足球宣传实效性的提高。

(三)建立校园足球"特区"

现阶段,我国竞技体育发展水平较高,但足球运动的发展一直难以取得良好的成绩与突破,二者形成极大的落差。我国足球发展现状与我国的综合国力明显不适应。我国足球运动难以快速发展的一个主要制约因素就是缺乏足球后备人才。为了对这一制约性的问题进行解决,国家体育总局已经采取了一些特殊的政策,如对全运会足球赛制进行改革,在全运会中增设青少年组足球比赛,增加金牌和奖牌的权重,这些政策在其他体育运动项目中很少见。在政府的大力号召下，全国各省、区、市开始逐步重视对青少年足球人才的培养，一些省市逐步对青少年足球队重新进行组建。

校园足球活动的开展并不是一件轻松的事情，是落实青少年足球工作的重要措施，校园足球活动是一项长期的系统的工程，需要投入大量的资源，而且在很长时间之后才能收到明显的效果，这表明开展校园足球活动的工作十分艰苦，但这项艰苦的工作关系到我国足球的未来，因此要引起一定的重视。要想促进家长、学校及社会各个部门的支持度，就需要采取各种有效的政策与途径。其中，建立校园足球"特区"就是当今校园足球发展一个很好的举措。

建设校园足球"特区"已被实践证明是一个很好的促进我国校园足球发展的策略，将校园足球作为特定区域，给予一定的政策扶持，能吸引教师、学生及广大的社会人员参与其中，共同推动校园足球的发展。政府制定的相关政策要有利于校园足球运动的发展，需要注意的是，关于校园足球发展的政策要有一定的特殊性。这里的特殊性主要是指，第一是足球的扶持政策要具有针对性，即专门针对校园足球，只有校园足球才能享有这些政策，其他体育项目不能享受；第二是指政府出台的政策要有所创新，仅仅进行一定的改革与改造是远远不够的，一定要能创新出切实推动我国校园足球发展的政策。

目前，我国校园足球存在多方面的问题，其中，学校领导重视不够，家长及社会人员不认可，经费有限，师资力量薄弱等是其中最为重要的因素，这对于我国校园足球运动的发展是十分不利的。为改变这一现状，必须要采取有效的政策和措施，妥善解决以上问题，如此才能扭转校园足球不良的发展局面。例如，可以出台足球定点学校校长的绩效考核政策，考核内容受校园足球工作开展成效的影响等，这样就能够促进校领导对校园足球重视程度的增加，能够对校长的工作积极性进行有效的调动。除此之外，针对"场地设施短缺"这一问题，需要借助现阶段我国推动公共体育服务体系建设的有利形势，对相应的政策加以制定，在城市建设规划和土地利用规划中纳入足球场地设施建设问题。具体来说，在规划公共体育设施时或者建设新学校时，需要投入一定的经费，建设确保校园足球运动开展得足够的教学设施。

总之，建设校园足球"特区"是一个很好的策略，需要教师、学生、教育部门及社会力量的共同合作与支持,我国政府部门也要出台一些有利于校园足球发展的文件或特殊政策,给予校园足球必要的政策支持,从而推动校园足球运动的健康发展。

(四)构建校园足球网络信息平台

如今,现代科学技术在社会各个领域都得到了广泛的利用,在校园足球中也是如此。校园作为重要的人才培养基地,对于足球运动的发展起着极为重要的作用。为促进校园足球的进一步发展,应该充分利用现代科学技术构建一个足球网络信息平台,以推动校园足球的进一步发展。校园足球信息网络平台的构建,不但有利于共享校园足球运动的资源,而且有利于促进足球教师科研与训练能力的提高。由此可见,构建校园足球网络信息平台的重要性。

二、我国校园足球后备人才培养的策略

(一)确立科学的培养目标

在足球教育目标结构内确立足球后备人才培养目标,在人文关怀理念下确立培养目标。美国、澳大利亚在校的青少年学生接受训练,对青少年学生的培养主要具有业余性,将训练置于教育系统中,在不摆脱教育环境的条件下进行训练,同时对学生文化课学习的管理也不松懈,对学训关系处理妥当,促进学生全面发展。美国中学与高校开展竞技足球训练,没有提出向上级组织输送足球人才的培养目标,学校进行足球训练主要还是为了让学生有更好的运动体验,是为教育目标服务的。但随着足球运动商业化、职业化发展水平的提高,美国的竞技足球后备人才培养机制本身存在的矛盾越来越明显,原因有很多,如美国个性自由、释放自我的文化追求和高度商业化发展形势对其产生了影响,体育培养目标和教育培养目标的差异产生了影响,等等。其中目标差异是最本质的原因。

（二）尊重人才的主体性

个体需要的主要动力源泉。青少年喜欢足球运动，对这项运动有较高的兴趣，这是其参与足球训练的主要动力。各级人才培养组织的动力既有满足自身发展的需要，也有国家利益的驱动。但动力主体始终都是个体或组织本身，而且他们既是使动力得以产生的主体，也是利用动力、在动力驱使下开展训练工作或接受训练的主体。因此，我国也要充分尊重青少年足球后备人才的主体性，培养其对足球运动的兴趣，围绕足球后备人才来激发动力、提供动力。

（三）逐步完善激励机制

在竞技足球后备人才培养中，物质激励是非常行之有效的激励手段。美国通过提供社会资助和发放奖学金来激励获得优异运动成绩的运动员，足球特长生获得这些资金或资助能够解决学费问题。学分奖励这种激励方式在美国是不存在的，美国围绕人才培养目标来选择激励手段，保证激励方向符合人才培养目标，这对我国有非常重要的借鉴意义。

（四）加强人才培养制度

在足球后备人才培养中，培养组织和培养对象都要通过自律来规范自己的行为，同时人才培养组织也要发挥自己的控制职能，对运动员的行为进行规范与控制。制定法律制度是控制的重要保障，因此我们要制定人才选拔制度、竞赛制度、学训制度等相关制度，控制运动员的学习与训练行为，使其在严密控制中养成良好的学习与训练习惯，成为优秀的全面发展型体育人才。

（五）完善人才培养保障机制

为足球后备人才提供保障要体现公平、公正，并以物质保障为主，高水平运动员是主要保障对象。人才培养中所需的基础设施建设主要由国家负责，培养过程中涉及的经费、保险由政府、社会及个体共同承担。人才培养组织机构在市场化运作中吸收市场闲散资金来解决人才培养的经费问题，为人才培养工作的顺利开展提供基础保障。

第二章　校园足球教学指导与改革创新

校园足球教学是由校园足球教学理念、教学原则、教学方法、教学内容、教学实施等几个要素构成，本章将对此进行深入的分析，并对我国当前校园足球教学的改革提出一些中肯的建议。

第一节　校园足球教学理念与原则

校园足球教学理念决定着校园足球教学的发展方向和教学质量。制定校园足球教学的原则，树立科学的教学理念并营造与之相适宜的校园足球文化，将对足球后备人才的发展起到事半功倍的效果。

一、校园足球的教学理念

（一）校园足球的执行理念

校园足球具体实践执行要遵循的基本准则，包括以体验、培养兴趣为根基，以享受足球快乐、情感及全面健康发展为前提，以游戏形式、内容组织活动为引领，以争取足球竞赛取胜为荣誉四个方面。校园足球要把体验足球运动、培养足球兴趣作为基本任务前提，吸引孩子走到足球场参与足球运动，逐渐形成足球兴趣和更深层次的足球情感。如何形成足球兴趣，很重要的一点是让青少年在足球运动中体验、享受足球运动所带来的快乐及自我情感发展，因此足球运动要保证足球运动参与者快乐是其基本要求。如何培养青少年兴趣，使其在享受足球运动中得到快乐与全面成长，从组织形式内容而言，就要以足球游戏、竞赛活动为主导，开展形式、内容等丰富多彩的足球活动，不断强化校园足球参与快乐、情感体验及自我的全面发展。此外，以足球比赛争胜为荣誉，是利用青少年勇于争胜的自我与团队进取心理，提升个人足球技能，培养勇于拼搏的顽强意志、团队精神和凝聚力、责任感。

（二）"普及"与"提高"相结合理念

1. "普及"与"提高"的含义

足球运动的特殊发展规律决定了提高一个国家的足球综合水平需要以不断夯实校园足球基础为根本要求。全国青少年校园足球活动明确提出扩大我国足球后备人才培养规模的目标，其重点是"普及"，主体在校内，从而明确了"普及"是开展校园足球活动的第一要务，"提高"是开展校园足球的必然要求。

"普及"具有社会群体性，存在的范围很广泛，具有普遍推广、使其大众化的意思。校园足球的普及价值主要表现在足球运动参与人口的范围、数量比例上的增加。从足球运动竞技层面讲，就是指足球后备人才基础的提高。校园足球活动的"普及"体现在两个方面：一个是普及足球的知识技术和技能；二是青少年参与足球规模的扩容。一直以来，我们对足球运动的理解是基于竞技运动的层面，即足球运动是为最大限度发掘和发挥人体本身在身体能力、心理能力和运动能力等方面的潜在力，为获取优异比赛成绩而进行的科学的、系统的训练和比赛。如果我们仅把足球运动理解为竞技层面，而把它直接迁移到校园足球领域，显然违背了校园足球活动的宗旨和内涵。从校园足球的角度理解足球运动，校园足球的参与人群是青少年，活动目的带有健身性与娱乐性，活动主体在校内，不局限于青少年运动水平的高低。这些特征决定了校园足球有别于竞技体育领域的足球运动。因此，对校园足球活动中"提高"的理解也不能与竞技足球运动混为一谈。校园足球的"提高"是基于"普及"基础上的提高，是指足球运动水平在原有程度上有进一步增长。而这种增长体现在足球知识技术和技能、校园足球后备人才培养规模以及足球相关专业培养的进一步扩大。

2."普及"与"提高"的关系

校园足球活动的开展应将"普及"与"提高"相结合，即应妥善处理好"普及"与"提高"的辩证关系。国外足球先进国家的经验告诉我们，夯实校园足球基础，提高校园足球的"普及"是提高一个国家足球水平的关键。世界公认的衡量一个国家足球水平高低的指标有两个：一是国家队在世界赛场的位置；二是拥有的足球人口。而足球人口的多少又与国家队的建设有直接关系。这在另一个层面描述出足球运动的持续发展需要解决融合的问题。显然，我国在这两个指标上未能达到作为一个体育大国所应该达到的水平。

要实现我国校园足球活动的可持续发展，首先要明确"普及"在校园足球活动中的核心地位。"普及"是校园足球活动的基石，而"提高"则是校园足球活动的必然要求，两者互为条件，是一个从量变到质变的过程。没有校园足球人口的扩容，"提高"就无从谈起，更谈不上校园足球后备人才的培养。我国足球在长期的发展过程中，各级各类国家队无不面临着无人可选、无人可用的尴尬境地，其根源在于我国对校园足球普及工作的滞后与不作为。当前在全国范围内开展的青少年校园足球活动把"普及"作为核心工作，在"普及"的基础上谈"提高"，在"提高"的基础上谈"发展"，这正体现了体育、教育主管部门对提高我国足球运动水平的决心，一步一个脚印，坚持科学、可持续发展战略是实现我国足球运动竞技水平的必然路径。校园足球活动的"普及"与"提高"是一个事物的两个方面，两者互为条件、互相渗透，你中有我，我中有你。"普及"是校园足球开展的立足点，而"提高"则是校园足球开展的必然过程，只有将"普及"与"提高"相结合，遵循足球运动发展和校园足球培养的客观规律，才能从根本上实现我国校园足球活动的科学、长效发展。

3."普及"与"提高"的价值取向

当前，在校园足球开展的过程当中，有很多人产生了对校园足球活动意义的误解，在基层中不乏急功近利、一味追求运动成绩的价值取向，把足球竞赛等同于校园足球活动，这显然是一种功利主义的价值取向，在开展校园足球活动中，必须树立正确的价值取向。普及足球知识、技术和技能，扩大足球人口，吸引更多的青年儿童参与足球、喜爱足球，以足球活动为载体发展学生身体、心理和社会能力，促进青少年儿童人格完整和人的全面发展是校园足球的核心价值取向，即校园足球活动价值取向的第一层次。提高校园足球运动水平，培养校园足球后备人才，提高足球竞技水平则是在普及基础上的一种升华，是开展校园足球活动价值取向的第二个层次。前者是后者的基础，后者是前者的递进。两者从价值层面来讲都是校园足球活动价值的一种衍生，具有递进性。任何一种倾向，都应基于校园足球的发展水平和本质属性。因此，明确"普及"与"提高"对于校园足球活动的价值，厘清其价值取向，对于校园足球活动在基层的开展具有重要意义。

（三）全面发展理念

1.培养后备人才拥有健全的人格

培养人格健全和全面发展的人是校园足球活动的基本要求。如果把足球运动与人的全面发展相结合，校园足球活动可以作为培养健全人格和全面发展的人的有效载体，其承载的不仅是国人对于足球腾飞的中国梦，还承载着教育、培养一代合格社会主义建设接班人的重要职责。

2.培养后备人才的全面成长

校园足球活动是培养学生全面发展的重要途径。校园足球活动的教育价值之一，体现在对学生身体、心理以及适应社会的发展具有积极的促进作用。培养全面发展的人不仅是素质教育的基本要求，而且已成为我国人才培养的重要标准。校园足球活动是一种教育活动，也是一种育体、育心的手段。国家教育和体育主管部门对于全国校园足球活动的重视绝不仅仅是为了提高我国的竞技足球水平，而是意识到了校园足球活动对于健全青少年人格，培养全面发展的人的重要价值。因此，校园足球活动是学校贯彻素质教育，不仅对体育系统具有积极的意义，对教育系统来说在深化教育改革等方面同样起到了助推器的作用。

（四）科学教育理念

1.科学教育理念的范畴

（1）创新教育理念

创新教育是创新型社会下的产物，以培养创新型人才为宗旨。创新教育理念的产生是教育发展的必然结果，是当代世界形势发展的必然要求。

现阶段，世界各国都非常重视创新教育，创新人才作为重要的人力资源将决定未来社会走向。创新教育理念要求全面培养学生的智慧品质、个性品质，培养学生主体的创造精神，并在教育的整个过程中落实培养工作，完成人才培养任务。

（2）终身教育理念

终身教育理念的观点是人的一生都要不断学习，只有不断学习、不断提高自己、充实自己、完善自己，才能不断满足社会发展的需求，适应社会的发展变化。终身学习是现代学习化社会的重要理念，对人才的发展、社会的建设起着重要作用。

随着社会的不断发展，知识快速更新，要求人们不断完善自己的知识库，学习新知识，这是终身教育理念产生的一个必要性。可以说终身教育理念是社会发展到一定阶段的产物和现象。终身教育理念的形成和社会发展有关，是多种社会因素共同作用的结果。社会发展和教育自身发展共同推动了终身教育理念的产生。

终身教育建立在"学会认知、学会做事、学会共同生活和学会生存"四个支柱上。实施终身教育需要"整体参与",而不是在某个单一教育环境下就能完成的。另外,还必须加强社会各部门之间的联系,从而顺利实施终身教育。终身教育理念在体育教学领域的运用促进了终身体育教育观念的产生,终身体育教育观念对体育教学产生了重要的影响。教育理念是社会发展到一定阶段的产物和现象。终身教育理念的形成和社会发展有关,是多种社会因素共同作用的结果。社会发展和教育自身发展共同推动了终身教育理念的产生。

终身教育建立在"学会认知、学会做事、学会共同生活和学会生存"四个支柱上。实施终身教育需要"整体参与",而不是在某个单一教育环境下就能完成的。另外,还必须加强社会各部门之间的联系,从而顺利实施终身教育。终身教育理念在体育教学领域的运用促进了终身体育教育观念的产生,终身体育教育观念对体育教学产生了重要的影响。

2.关注学生的主体性

足球教师在教学中应以学生为中心,重视学生的主体地位。传统足球教学模式中,学生处于被动学习状态,老师单方面灌输知识,不重视学生的感受和体验,容易使学生产生厌倦感。新的教育理念要求在足球学中关注学生的全面发展、情感体验,整个教学过程都要从促进学生全面发展的角度出发,突出学生的主体地位,激发学生的学习积极性。

3.因材施教

在足球教学中关注学生个体差异,了解不同学生的需要,满足学生的不同要求,使足球教学符合学生的学习特点和学习规律。在校园足球教学中,要坚持因材施教原则,采取不同的教学方法来促进不同智力水平的学生的发展。

4.构建和谐师生关系

建立和谐师生关系,加强师生合作与交流,这是现代教育理念下足球课程教学的基本要求。师生之间平等的交流、民主的沟通、密切的合作有助于提升足球课堂教学效率，真正体现学生的主体地位，发挥学生的主观能动性，提高学生的个人能力。

5.加强创新教学

足球教学要与时俱进，不断创新，包括足球教学观念教学理论、教学方法、技战术教学等多方面的创新，以创新来推动校园足球发展。

（五）"以人为本"理念

发展校园足球必须树立"以人为本"的科学理念，并通过下列几方面践行这一理念。

（1）充分认识"校园足球的根本目的是育人"这一客观事实，在不影响学生学业成绩的同时，以足球锻炼为手段，增强学生体质，选拔与培养校园足球人才。

（2）实施校园足球工程，必须坚持"以人为本"的核心原则，其中"人"指的是与校园足球相关的所有群体，如学生、足球教练员、管理人员以及学生家长等，其中青少年学生居于核心地位。发展校园足球，要尊重学生及其他相关人员的意愿，要维护相关群体的利益。

（3）普及校园足球，这是开展校园足球工程的一项重点工作。"要推进校园足球普及，夯实国家足球事业人才基础"。通过普及校园足球运动，扩大校园人口规模，保障青少年学生参与足球运动的权利。只有校园足球参与者的数量增加了，校园足球的发展才有发生质变的可能，这是量变引起质变理论的体现，也是校园足球的发展规律。

二、校园足球的教学原则

为了培养足球后备人才，我国应该重视校园足球人才的教学工作，提升整体足球技术、战术服务。在训练过程中，教练员需要掌握科学的理念，合理安排运动负荷，将一般训练与专项训练充分结合，针对青少年身心发育的基本特点，遵循趣味性、重复练习、系统性等基本原则，帮助青少年快速提升。

（一）趣味性原则

青少年通常容易对新奇的事物保持关注，难以做到坚持，因此，在足球训练中，教练员需要不断变化练习形式，通过穿插各种游戏达到训练目的，使训练课程变得更加有趣。坚持趣味性原则，可以提高青少年对足球训练的自觉性和积极性。

（二）重复练习原则

运动技能只有通过一遍又一遍的练习，才能发生由量变到质变的跃变，形成条件反射，形成正确的动力定型。

（三）系统性原则

青少年球员身心的良性发展，足球技战术的灵活运用，需要通过科学的系统训练才能实现。相关调查结果表明，不遵循系统性原则的训练是无效的，科学合理的系统性训练在一定程度上可以延长运动员的运动寿命。运动训练的突然中断将造成严重的后果，出现暂时性神经联系的减弱或中断，技术动作遗忘或频繁出错，战术配合生疏等各种状况。青少年球员由于自身基础较弱，缺乏对足球运动的基本认识，因此，更需要教练员长期的指导，不间断的系统性训练。

与此同时，在系统性的基础训练中，需要结合足球培养孩子们的想象力和创造力。

（四）区别对待原则

每一名青少年训练对象都有自己的特点、个性，他们在身体条件、理解能力、接受能力、技术特长等各个方面，均存在一定的差异。所以教练员应该做到因材施教，在训练内容、训练形式、运动负荷上遵循区别对待原则，培养出有特点、掌握独门绝技的高水平球员。

只有教练员牢固树立区别性的指导原则，才能够真正调动青少年球员的积极性，激发其创造性，让青少年球员自由发展自身个性，锻炼出独特的技能。

（五）诱导性原则

教练员应当肩负起教育球员的职责，对自己严格要求，提高思想水平、业务素养，投身于青少年球员的思想与业务指导工作之中。同时，教练员应在日常训练中开阔青少年球员的视野，鼓励青少年球员多思考，苦练、巧练相结合，提升自身的创新精神、应变能力。在球员想要偷懒的时候，要求其克服惰性，增强自觉性。

（六）循序渐进性原则

球员身体素质的提高、运动技能的形成需要依据其自身发展的客观规律，需要遵循循序渐进的原则，切不可用力过猛，适得其反。只有把握好训练的节奏、力度、难度，按部就班、稳扎稳打地打好坚实的基础，青少年球员的竞技能力才能在不同时期、不同发展阶段得到全面提升。

（七）直观性原则

青少年以直观形象思维为主，形象思维发达，模仿能力强。教练员应该在训练中充分调动球员的视觉、听觉、触觉等感觉器官，从感性认识开始，逐步过渡到理性思维，最终提升自身的竞技能力。教练员在进行动作示范时，需要保证示范动作的准确性，引发青少年球员的模仿欲望，在头脑中形成正确的表象，最终掌握各种技术动作。还可以利用电视、网络等多媒体手段增强训练的直观性。

第二节　校园足球教学内容与方法

校园足球有着其特有的教学内容和方法，这些内容和方法都是多年来对教学实践的经验总结，非常适合进行校园足球后备人才的培养。经过不断地传承、改进和优化，日渐成为我国校园足球教学中的重要组成部分，为后备人才的培养发挥着不可替代的作用。

一、校园足球的教学内容

（一）校园足球教学内容设置的准则

校园足球教学内容的选择直接影响校园足球教学目标的实现，只有合理设置教学内容，恰当选择教学内容，科学实施教学内容，才能逐步实现足球教学目标。为提高校园足球教学内容设置的科学性和合理性，在设置中要遵守下列准则。

1.培养兴趣、促进健康

设置与选择校园足球教学内容，要从校园足球自身的特点及学生的兴趣爱好出发来合理安排，足球课上所开展的教学内容应能够使学生在愉快的氛围中有所收获，获得进步，使学生参与足球运动的兴趣更浓，意愿更强烈。

校园足球教学内容必须要能够促进学生健康，在增强学生体质的基础上提升学生的足球运动技能。健康的内涵是丰富的，要尽可能选择能够促进学生身心健康、道德健康以及社会适应能力提升的足球教学内容。

2.符合年龄、正确排列

在校园足球教学中，应从学生的年龄特点出发来合理选择教学内容，使教学内容与教学对象的年龄特点相符。应遵循循序渐进、先易后难的原则来正确排列足球教学内容。例如，对于刚开始接触足球运动的低龄和低年级初学者，要以基本球性练习为主要教学内容，多设置一些足球游戏类内容，使学生的基本运动能力和身体素质得到很好的锻炼。随着学生年龄的增长和对足球熟练度的提升，则应设置足球基本技术作为主要教学内容，如基本传球技术、运球技术、射门技术等，内容的难易程度逐渐增加，使学生逐渐掌握足球基本技术。之后可以安排足球比赛类的教学内容来锻炼学生的足球技术运用能力，培养学生的团结协作精神。

足球教学内容主要有两种排列方法，分别是直线式排列和螺旋式排列，前者是指某一教材内容教过之后就不会再重复，后者是指某一教材内容反复出现在不同年级的教学中，但教学要求是逐渐提高的。在足球教学实践中，往往将这两种排列方法结合起来运用，从而科学排列各项足球教学内容，分清内容主次，达到学习、掌握及巩固的教学目的。

3. 实践为主、理论为辅

校园足球教学的目的主要是增强学生体质，培养与提高学生的足球运动技能，培养足球后备人才，这就决定了校园足球教学应以实践内容为主，多安排实践活动与练习，使学生在实践参与中不断练习，不断巩固，逐渐提升健康水平和掌握足球技能。我们在强调足球实践教学重要性的同时不能忽视足球理论教学，理论教学虽然是辅助性的，但也发挥着重要的作用。足球运动历史悠久，在漫长的发展中形成了丰富的理论知识体系，在足球科研中产生了非常多的研究成果。在校园足球教学中设置生动有趣的理论内容，有助于提升学生对足球运动的认识水平和参与兴趣，培养学生的足球理论素养，并为学生参与足球教学实践提供科学指导。

4. 科学统一、安全为上

校园足球教学内容应该是健康文明的，健康价值突出的，教育意义鲜明的，对完成足球教学目标有重要作用的，这些都体现了足球教学内容的科学性，也是设置足球教学内容的重要原则之一。选择足球教学内容必须考虑其是否对学生健康有利，是否能够提高学生的足球运动技能，是否能够实现教学目标。此外，选择与设置足球教学内容还要考虑安全性，要结合教学对象的生长发育特点来科学设置，尽可能选择对学生成长有利的、安全系数高的教学内容。对抗性太强的内容存在一定的危险，发生伤害事故的可能性较大，不适宜作为青少年足球教学内容。

（二）校园足球教学内容设置示例——小学阶段

小学共有6个年级，学生的年龄基本都在6—12岁之间，是从幼儿向青少年转变的重要阶段。小学生从低年级到高年级的年龄跨度较大，身心发育呈现出明显的阶段性特征。在小学阶段抓住学生的身心特点而科学组织与实施足球教学，能够在很大程度上促进学生健康发育与全面成长。因此，在小学阶段要以学生的身心发展情况为基本出发点，遵循学生发育规律，合理设置足球教学内容，制订足球教学计划，选用恰当的教学方法去落实教学内容，达到预期目的。

下面简单分析在不同年级如何从学生实际情况出发而对足球教学内容作出合理安排。

1.小学一、二年级足球教学内容设置

小学一、二年级的学生年龄比较小，从身体上来看，还没有真正开始发育，从心理上来看，他们还是儿童，其身心特点主要表现为力量弱，速度差，注意力集中时间短，好奇心强等。面向一、二年级的学生进行足球教学，主要是普及足球，使学生认识足球，感受足球的乐趣，从而获得愉悦和欢乐。对此，教师可以选择一些简单的足球基础球性练习内容作为教学内容，也可以组织简单的足球游戏，使学生对这项运动产生兴趣，在愉快的氛围中踢球，提高身体协调能力，并为下一阶段的学习打好基础。

适合小学一、二年级学生的球性练习内容有踩球练习、揉球练习、拉球练习、颠球练习等。教师在足球课上设计的足球游戏应该灵活一些，要使学生将注意力集中在课堂上，激发学生的参与兴趣和积极性，并使学生对球的基本空间位置有简单的认识与了解，在此基础上将基本运球技术的内容加入其中，培养学生的协调能力和灵敏性。

2.小学三、四年级足球教学内容设置

小学三、四年级的学生经历了两三年的小学生活后，无论从思想上还是从心理上，都与儿童时期有所不同，这一阶段的学生集中注意力的时间有所增加，上课比较专注，并喜欢在课堂上表现自己。此外，这一时期学生的身体也开始有所发育，但其协调性、平衡性比较差，因此在足球教学中要注重对这些身体素质的培养。三、四年级的学生有了一定的足球基础，这一阶段要重点学习基本的足球技术，如传接球技术、运球技术和简单的射门技术，通过学习这些技术来对足球技术结构有基本的了解，对足球基本技术动作有初步的掌握，同时使学生的足球兴趣更强烈。

在小学三、四年级的足球教学中，基础球性练习的内容和方法都应该比小学一、二年级阶段更丰富一些，如从原地练习过渡到移动中练习，从单脚练习过渡到双脚练习，增加磕碰球、拖拉球等球性练习，使学生能够更好地控制球。在传接球与运球技术教学中，除了继续巩固脚背正面接球、脚背正面运球技术外，增加新的传接球方法和运球方法教学，如脚内侧传接球、脚背内（外）侧运球等。

3.小学五、六年级足球教学内容设置

小学五、六年级的学生正处于运动技能发展的敏感期，这一阶段的孩子身体迅速发育，心理上自我意识逐渐形成，经过之前几年的足球学习经历，打好了一定的足球基础，对足球技术的构成、基本技术的动作方法都有了不同程度的了解。这一阶段足球教学目标主要是继续强化学生对足球运动的兴趣，提高学生的足球技能运用能力。为达到这一目标，应设置一些具有对抗性的、具有一定强度的足球技术作为主要教学内容，并组织对抗性的足球比赛，使学生在比赛中灵活运用和巩固所学技术。

在小学高年级足球教学中，之前低年级阶段的教学内容依然可以继续教，以达到不断熟练、巩固和提升的效果。要注意的是，虽然教学内容没变，但教学形式的难度要大一些，要求也严格一些，而且要将组合、对抗等新元素加入其中，以实现更高水平的教学目标。

二、校园足球的教学方法

（一）教法

足球教法的实施主体是足球教师，足球教师要从学生身心特点出发选择科学的、可操作的、能够实现特定教学目标的教法来传授教学内容。在足球教法与学练法中，以教法为主导，这是由足球教师在足球教学中的主导地位所决定的。以足球教师为主的足球教法主要有以下几种。

1. 语言法

在校园足球教学中，足球教师运用生动形象的语言来启发和指导学生学习足球知识和技能，以满足教学要求、达到教学目的，这就是语言法。学生在足球课上学习知识和技能，不仅需要完成身体活动，还需要运用智力和非智力因素，因此足球教师要用恰当的语言来启发学生、鼓励学生，用准确的语言讲解动作要领，在不同教学情境下运用不同的语言使学生集中注意力去学习，获得良好的课堂体验。

2. 直观法

足球教师运用直观方式作用于学生的感觉器官，引起学生感知的教法就是直观法。直观法是足球教学中非常重要的教学方法之一，通常与语言法结合起来运用。教师采用直观法教学时，要求感情充沛、精神专注、动作准确优美，并配合生动的语言讲解，同时还要态度和蔼，有耐心，使学生在教师的感染下产生学习热情，在教师的耐心引导下更有自信掌握好足球技术动作。

3. 完整与分解法

完整与分解法在足球教学中的运用也很频繁。对于比较简单的足球动作，或者在以培养学生完整动作概念为主要目的的教学中，教师可以完整连续、连贯流畅地完成整个动作，中途不停顿。

学生建立完整的动作结构后，为了使学生准确掌握动作，应对完整动作进行合理分段，分成几个连续的部分来逐一教学，学生掌握各部分动作后，再连贯完成整个动作，以提高学习效率，把握好动作结构之间的内在联系。

（二）学练法

学练法包括学习法和练习法，学习法和练习法是密不可分的。下面简单介绍几种常用的足球练习方法。

1.重复练习法

学生在相对固定的条件下反复练习一种足球技术，以达到熟练和巩固的效果，这就是重复练习法。

2.循环练习法

从练习目的出发，将若干练习点和练习手段确定下来，学生按顺序、路线和要求依次循环完成各个练习点，以不断熟练练习内容，巩固练习效果。

3.游戏练习法

足球教师编排一些足球游戏，使学生分组进行对抗性游戏练习，或者设计一些个人游戏，使学生自主练习，以活跃课堂氛围，培养学生的足球兴趣和练习积极性。

（三）校园足球教学方法选用示例

小学阶段时间跨度大，学生身心发展差别也较大，因此这里选用小学足球教学方法分三个阶段来探讨校园足球教学方法的应用。

1.小学一、二年级教学方法选用

小学一、二年级的学生对课堂常规比较陌生，上课时好动，难以维持课堂纪律。而且除了好奇心和模仿能力较强外其他各方面能力都处于初始阶段，缺乏主动参与、合作学习的能力，因此适合采用语言法、直观法和其他有趣的游戏方法进行教学。

2.小学三、四年级教学方法选用

小学三、四年级的学生形成了清晰的课堂概念，好奇心和模仿能力同样很强，对足球活动也形成了基本的感性认识，但因为不熟练技能，经常做出违背运动规律的自创动作,因此必须加以规范和纠正,并提供安全保障。对此,教师应选用语言法、完整与分解法等教法来教授正确技能,提高学生的足球运动能力。

3.小学五、六年级教学方法选用

小学五、六年级的学生生理和心理上较之前明显成熟,他们思维敏捷、善于观察、认识能力较强,而且模仿能力和好奇心依然比较强,经过几年的足球学习积累,具备基本的足球运动能力,有强烈的参与和表现欲望。针对这些特点应注重进一步提升学生的技术能力,选用完整与分解法和重复、循环、游戏练习法,以巩固和提高其技术水平。

第三节　校园足球教学模式构建

校园足球得以持续、健康、有效地推进,主要依托于科学合理的教学模式的构建。在全国各个地区以及不同学段的校园足球教学中,各校会根据自身的实际情况而建立符合教学需要的足球教学模式。但是总的来说,这些校园足球教学模式存在着一定的共性。本节将针对校园足球教学模式的构建原则、步骤和过程进行详细的介绍。

一、校园足球教学模式的构建原则

(一)坚持教学目标、内容、形式、结构与功能的统一原则

从本质上讲,足球教学模式的建构是处理好足球教学活动中形式与内容、结构与功能的关键问题。所以,教师应全面分析各种足球课的结构和形

式、功能及作用，并以教学目标和条件为根据合理选择教学模式。

（二）坚持借鉴与创新的统一原则

足球教学模式的建构要坚持借鉴与创新的统一性。借鉴包括两方面的含义，一方面是借鉴国外先进教学模式理论；另一方面是借鉴国内先进教学模式理论与成功教学经验。坚持借鉴与创新的统一，就是要在正确教学思想的指导下改革落后教学模式，借鉴前人和他人的成功经验和理论，结合教学实际来提高足球教学效率。

二、校园足球教学模式的构建步骤

足球教学模式构建的基本程序如图2-1所示。

（一）明确指导思想

明确以哪种教学思想为依据而构建模式，从而为模式的构建奠定理论基础，并使教学模式的主题更突出。

（二）确定建模目的

明确指导思想后，确定构建足球教学模式的目的。

（三）寻找典型经验

通过调查研究，寻找符合模式构建指导思想与目的的典型经验或原型作为教学案例。

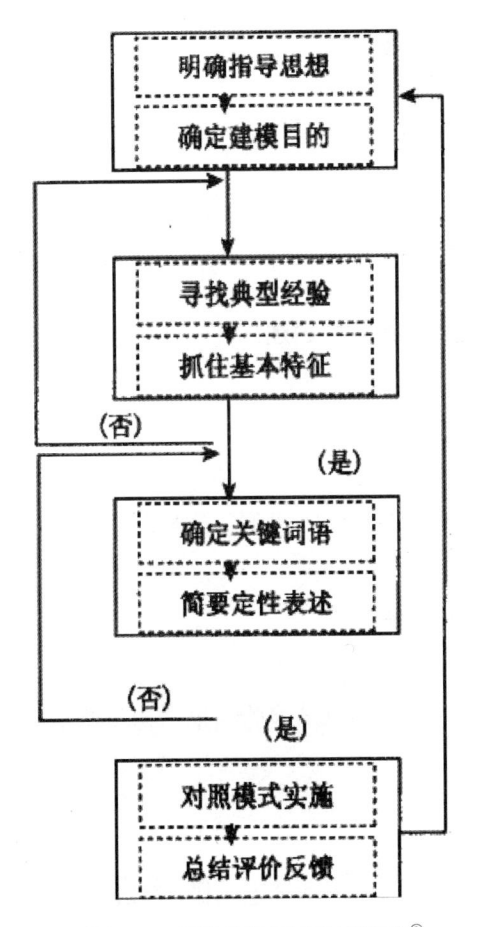

图2-1 足球教学模式构建程序[1]

（四）抓住基本特征

运用模式方法分析教学案例，概括教学案例的基本特征与基本教学过程。

---

[1] 龚正伟.体育教学新论[M].长沙：湖南师范大学出版社，2012：47.

（五）确定关键词语

确定表述教学模式的关键词。

（六）简要定性表述

简要地对教学模式进行定性表述。

（七）对照模式实施

对照教学模式展开实践教学，进行实践检验。

（八）总结评价反馈

通过教学实践验证，归纳总结检验结果，初步调整与修正模式，并反复实践直至完善。

三、校园足球常见教学模式的构建

（一）启发式教学模式

启发式教学模式指的是围绕学生主体开展足球教学活动，以学生的积极主动性为基础，使学生积极思考与独立探究问题，发现并掌握知识，最后得出相关结论的教学过程。启发式教学模式强调学生主动参与教学，自主探索知识，着重培养学生的探索精神和创新能力。该模式操作流程如图2-2所示。

在足球传接球技术教学中运用启发式教学模式具有重要意义。以行进间脚内侧传接球技术为例，应用启发式教学模式的操作流程如图2-3所示。

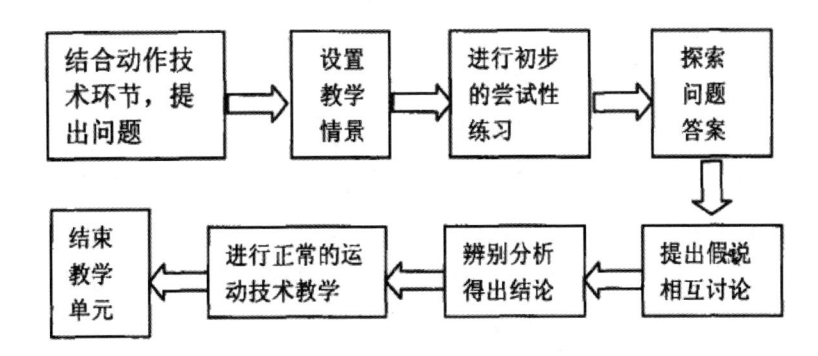

第二章　校园足球教学指导与改革创新

结合动作技术环节，提出问题 → 设置教学情景 → 进行初步的尝试性练习 → 探索问题答案 ↓

结束教学单元 ← 进行正常的运动技术教学 ← 辨别分析得出结论 ← 提出假说相互讨论

图2-2　启发式教学模式操作流程[①]

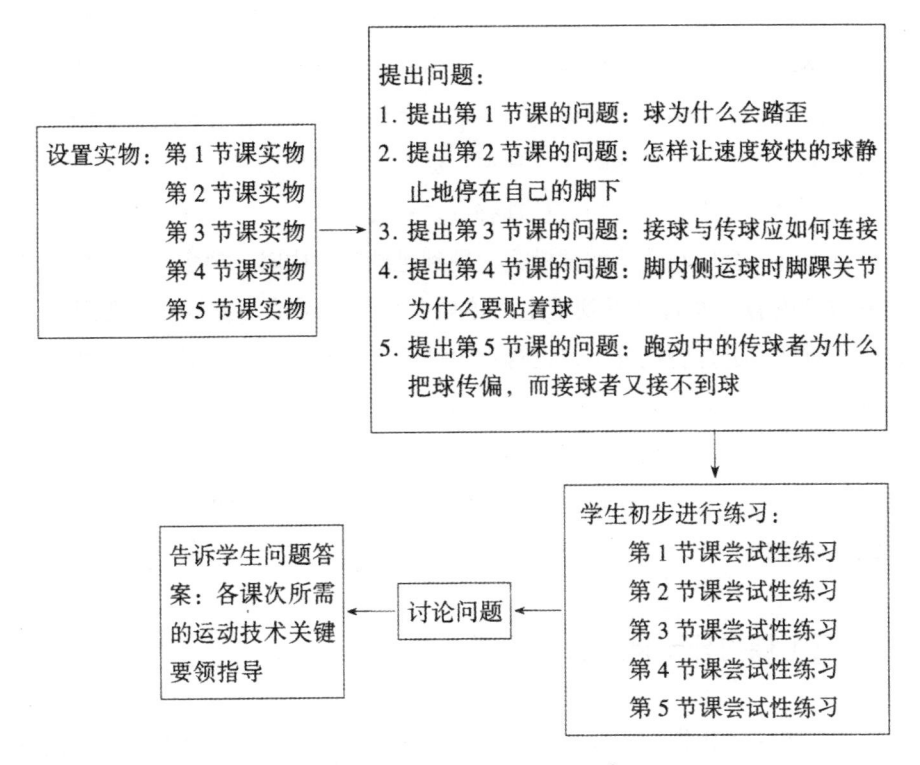

设置实物：第1节课实物
　　　　　第2节课实物
　　　　　第3节课实物
　　　　　第4节课实物
　　　　　第5节课实物

提出问题：
1. 提出第1节课的问题：球为什么会踏歪
2. 提出第2节课的问题：怎样让速度较快的球静止地停在自己的脚下
3. 提出第3节课的问题：接球与传球应如何连接
4. 提出第4节课的问题：脚内侧运球时脚踝关节为什么要贴着球
5. 提出第5节课的问题：跑动中的传球者为什么把球传偏，而接球者又接不到球

学生初步进行练习：
　第1节课尝试性练习
　第2节课尝试性练习
　第3节课尝试性练习
　第4节课尝试性练习
　第5节课尝试性练习

讨论问题

告诉学生问题答案：各课次所需的运动技术关键要领指导

图2-3　启发式教学模式应用[②]

[①] 吴烦. 武汉市中小学体育教学模式的选用现状及发展对策研究[D]. 湖北大学，2016：22.

[②] 邵伟德. 体育教学模式论[M]. 北京：北京体育大学出版社，2005：27.

（二）小群体式合作、竞争教学模式

将小群体合作与竞争模式运用到足球教学中，使学生在和谐的小群体氛围中相互帮助，相互合作，并展开公平竞争，体会合作的意义和竞争的乐趣。小群体合作与竞争教学模式有助于对学生的自主思考意识与能力加以激发，促进学生探索与创新能力的增强，使学生更有个性和创造性。在小群体教学氛围中，小组学生为了实现共同目标而展开合作，互帮互助，在互相协商、讨论中增强合作意识，这不仅有助于尽快实现小组学习目标，提高课堂教学效率，而且这种合作意识与能力对学生今后的学习、生活都有重要意义。在小群体竞争环境下，学生体验足球的竞争性和对抗性，在宽松愉快的氛围中公平竞争，积极争取主动权，力争从竞争中脱颖而出。学生从中塑造的竞争意识、竞争精神以及竞争力将成为其终身学习的内在动力。在群体合作与竞争模式中，学生能够获得喜悦、成就，也可能会尝试失败，遇到冲突与矛盾，这个过程对学生的成长具有重要意义。

将小群体合作与竞争教学模式运用到足球教学中时，要多设计一些游戏类的教学内容，而且考虑到学生的体质差异、运动能力差异、足球基础差异，应对学生进行合理分组，进行针对性教学。对于足球基础较差的组，以基础性的足球游戏教学为主，对于足球基础和体质都比较好的组，以具有一定对抗性和竞争性的足球游戏教学为主，不管是对哪组学生进行教学，都要以安全为主，把安全放在首位，做好热身准备，加强安全防护，有效预防和干预运动损伤。

（三）课内外一体化教学模式

课内外一体化教学模式是指将课内教学与课外活动有机结合起来，而且在学生综合成绩评定中，学生的课外活动表现成绩也占有一定的比例。课外活动的开展应达到目的性、计划性和组织性等要求。

在校园足球教学中，构建课内外一体化教学模式，要求在校园足球改革的背景下，树立健康第一、终身体育、素质教育等指导思想和教学理念，在以课堂教学为主的基础上，围绕学生发展这一中心而开展具有延伸性与拓展性的课外足球活动和课余足球锻炼，将课堂教学与课外活动有机结合起来，以更好地实现校园足球教学目标。

课内外一体化教学模式具有较强的弹性，能够为学生提供比较大的学习空间，对学生的学习潜能予以挖掘，将学生的学习热情充分调动起来，促进学生个性的发展、创造精神的塑造以及实践能力的提升。课内外一体化教学模式使学生在更大的平台中学习与交流，为学生自主选择足球锻炼内容和活动方式而提供良好的机会与空间，使学生参与校园足球活动的多元需求得到满足。

第四节　校园足球课堂教学的实施

校园足球教学都是以课堂教学的形式进行实施的，作为学校教学的基本单位，一节体育课尽管只有45分钟，但是其在实施过程中要包含完整的体育教学的要素，从教学设计到教学实施，从课堂组织到课后总结，每一个环节都不能缺少，每个环节都有其特有的作用，对课堂教学的正常、顺利完成具有重要的作用。

一、校园足球理论课的组织与实施

足球理论课主要教学任务是让学生掌握足球基本理论知识，如足球技战术理论，足球发展历史，足球教学、训练、裁判、竞赛等理论，使学生做到理论联系实际，用理论指导实践。

足球理论课以室内课堂教学的组织形式为主，教学过程中以教师讲授为主，辅之以课堂讨论，以激发学生兴趣。理论课教学安排如下。

首先，以提问或讲述的形式引出前次足球课的教学内容，为引出新授课的内容做好铺垫。

其次，讲授本次课内容，重点强调教学重难点，采用提问、作业等形式强化学生对重难点教学内容的理解和掌握。

最后，在结束部分，简要总结本次课的主要知识点，布置课后作业。

二、校园足球实践课的组织与实施

足球实践课教学包括下列三个组成部分。

（一）准备部分

准备部分主要采用集体组织方式，重点安排一些热身活动，如走跑练习、基本体操、控球练习和具有引导性、针对性、激励性的足球游戏等，以活动身体关节为主。另外还可以安排简单的专项热身练习，如足球基本技术练习。教师应根据实际情况而适当调整准备活动的内容。

（二）基本部分

足球基本部分教学要围绕本节课的重点教学内容展开，结合教案和学生情况来选择教学方法和手段，同时还要布置作业练习。本阶段教学方法以讲解与示范、练习和纠正错误等为主，使学生巩固知识，掌握新内容。

基本部分的教学步骤一般为先学习新内容，然后巩固已学内容，最后进行足球教学比赛和提高身体素质的练习。

在基本部分要合理安排教学时间，有序增加运动负荷量，提高练习质量和效果。另外，教师要观察学生的练习情况，详细记录，及时纠正错误，不断提高足球教学效果。

（三）结束部分

在结束部分主要安排一些放松练习活动，教师根据基本部分的练习强度与密度等，安排慢跑；简单的运球、传球游戏等低负荷练习。放松活动结束后，简要总结和评价本次课总体教学情况，肯定学生的进步，指出不足。最后布置课后作业。

第五节 校园足球教学改革与创新

校园足球教学基本上包含两层目的：一方面，是培育学生们对足球养成深厚的兴趣，并进而提高他们的身体素质水平，养成长期进行足球运动的习惯；另一方面，是为国家的竞技足球选拔和培育后备人才。因此，校园足球教学肩负着重要的使命，在实践中需要不断地改革与创新，从而令校园足球教学保持一定的领先性和有效性。

一、更新校园足球的教学理念

普及快乐足球理念，让青少年学生从足球中享受快乐、享受参与过程、学会尊重他人、自觉全力以赴争取好成绩等。这种简单快乐、积极向上的足球理念使青少年沉浸在欢乐的足球氛围中，对促进青少年身心健康具有重要意义。

二、创新校园足球的教学方式

第一，结合学校实际制定校园足球教学方案，利用互联网技术开发足球网络课程。

第二，改革足球教学方法和教学模式，设计有启发意义的教学方式，提高学生的参与度和认知度。

第三，在足球教学中培养学生的足球兴趣，激发学生学习的积极主动性，寓教于乐，使学生快乐参与足球运动。

三、培养校园足球的师资力量

优秀足球师资力量的缺乏是制约我国校园足球教学发展的主要原因之一，要夯实校园足球的基础，加快校园足球发展，提升校园足球水平，就必须重视对优秀足球师资队伍的建设，对足球理论素养好、专长突出以及有一定管理能力的师资进行培养。培养足球师资力量，既要培养新的队伍，又要对现有队伍进行专业培训，尤其要重点培训足球教练员、足球骨干教师和足球裁判员，培训工作必须具有持续性，从而促进足球教师教学能力、训练能力的持续提升，促进足球教师队伍综合素养的增强，让教师在校园足球发展中充分发挥自身的价值。

四、促进校园足球的可持续发展

校园足球可持续发展指的是校园足球在持续、健康和稳定地促进青少年学生健康成长、全面发展及培养青少年足球后备人才的同时，促进校园足球与教育之间关系的平衡和青少年个人成长与社会需要的和谐发展。可持续发展是校园足球发展的必然要求，不仅是培养足球人才的重要场所，也是培养青少年养成独立、健全的人格，在德、智、体、美等方面都能获得提升和发展的重要途径。

（一）校园足球可持续发展的维度

有关学者从可持续发展理念和校园足球发展现状出发对校园足球可持续

发展的框架图予以构建，如图2-4所示。

上图所示的校园足球可持续发展框架具有三维特征，分析如下。

1.时间维

在这一维度上，开展校园足球不能有功利主义思想，要脚踏实地，一步一个脚印，不但要使当代学生的身心健康需求、当代人对我国足球运动振兴的渴望得到满足，而且还要使未来学生和人民的这些需求和渴望持续得到满足。

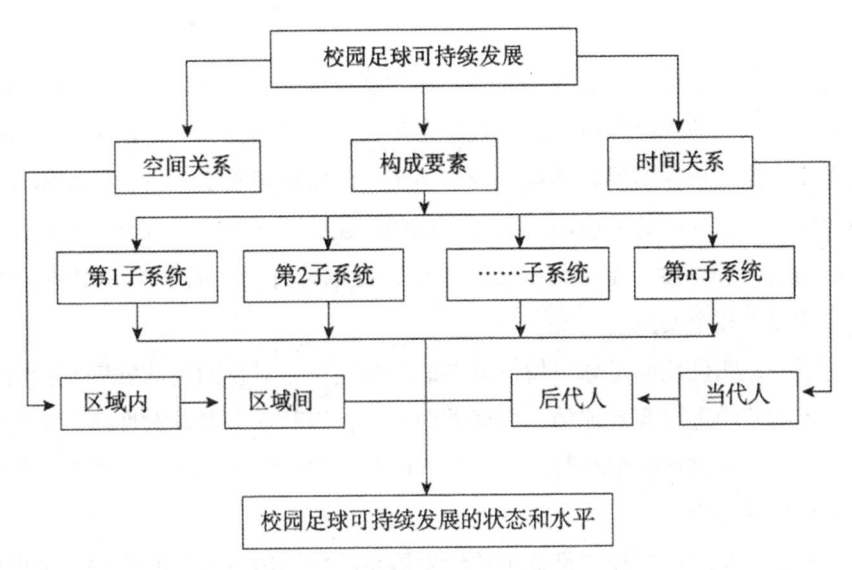

图2-4 校园足球可持续发展的三维框架图[①]

2.空间维

在空间维度上，要推动区域内校园足球的和谐发展和区域间校园足球的协调发展。同时要对校园足球的发展规模进行控制，不要贪大求全，不要过早大规模扩展，否则会给有关部门带来经济负担，同时也无法保证质量。要先在某个或某些区域进行实践，起到示范作用，然后总结经验，时机成熟后

---

① 金钢铁.青少年校园足球发展战略研究[M].北京：北京体育大学出版社，2018：46.

再向更大区域推广和拓展。

3.要素维

校园足球可持续发展的构成包括诸多要素，各个组成部分之间密切联系，相互影响，任何一个要素的变化发展都会对整个系统的运作和功能产生影响。因此要有机整合各个要素，处理好各要素之间的关系，通过优化各个要素来提升校园足球可持续发展的整体水平。

（二）校园足球可持续发展系统的运行机制

开展校园足球是解决我国竞技足球发展困境的一个突破口，因为背负着振兴足球事业的艰巨任务，因此校园足球发展中必然面临一定的复杂性和较大难度，比较普遍的问题是场地设置不足、政策保障落实不到位、组织管理不当以及多方利益的矛盾与冲突等，这些问题的存在增加了校园足球可持续发展的阻力和难度。鉴于此，要促进校园足球可持续发展系统的顺利运作，需注意以下几个要点。

第一，明确校园足球可持续发展的目标定位，对校园足球发展现状与发展目标的差距进行客观评估，明确差距大小，以利于采取针对性改革措施。

第二，通过加强组织管理、协调不同利益主体的关系来缩短预期目标和发展现状的差距。

第三，及时进行校园足球可持续发展系统协同运行结果的反馈，根据反馈信息进行调整，完善协同运作机制。

在校园足球可持续发展系统运行中，要加强科学管控，提高协同效应，达到理想的协同运作目标。从这一思路出发，可对校园足球可持续发展系统的协同运行机制模型予以建立，如图2-5所示。

（三）校园足球可持续发展的评价

在推动校园足球可持续发展的过程中，要做好对校园足球可持续发展的真实状态进行客观评价的工作，具体要从系统论、整体观出发来筛选评价指

第二章　校园足球教学指导与改革创新

标，设计评价方法，从而科学分析与描述校园足球在某个区域的发展状况，了解发展中存在的问题。

校园足球的发展和学校体育的发展不同，也与竞技体育的发展有区别，校园足球有自己的发展规律、发展特征，所以对校园足球的可持续发展进行评价时，既要树立可持续发展的理念，将可持续发展观体现出来，又要对校园足球本身的发展规律予以考虑。

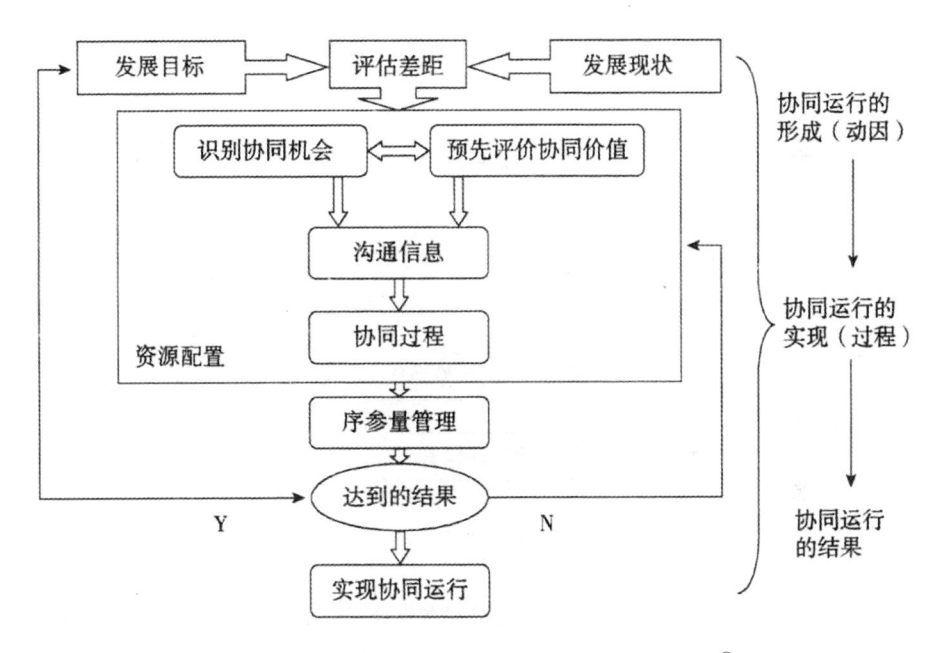

图2-5　校园足球可持续发展系统的协同运行机制[①]

以校园足球的可持续发展目标为中心，对科学全面、操作性强的评价指标和评价方法进行选用，从而提升评价的科学化水平，充分发挥评价的功能，真正推动校园足球逐步实现可持续发展的目标，这是系统评价校园足球可持续发展的总体思路，评价的具体流程如图2-6所示。

---

① 金钢铁.青少年校园足球发展战略研究[M].北京：北京体育大学出版社，2018：56.

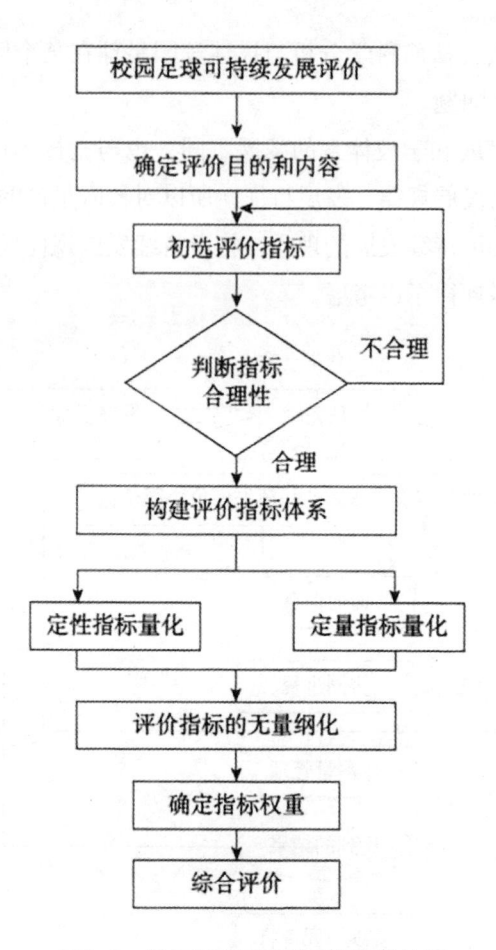

图2-6　校园足球可持续发展评价流程

第三章 校园足球后备人才培养理论与模式

校园足球后备人才的培养，还需从理论入手构建出科学有效的培育模式。本章将从校园足球后备人才培养理论、校园足球后备人才训练理论、我国校园足球后备人才培养模式概况，以及国外校园足球后备人才培养模式对我国的启发几个方面展开分析。

第一节 校园足球后备人才培养理论

校园足球后备人才的培养应重视对其理论知识系统的素质，长远来看，这将影响甚至决定着他们未来职业发展是否顺利、是否长远。本节将重点针对运动生理学、运动心理学以及体育教育学这三个与足球后备人才成长最为密切的三个理论基础展开分析。

一、运动生理学的理论基础

（一）肌肉与运动

1.肌肉的组成及功能

人体的肌肉主要分为骨骼肌、平滑肌和心肌三大类。其中，骨骼肌的数量约占体重的40%—45%，是实现躯体运动的主要组织，运动生理学研究的肌肉主要是指骨骼肌。肌肉活动是通过收缩和舒张来实现的，包括各式各样的运动和维持各种姿势等。

2.肌肉收缩与舒张的原理

（1）肌肉收缩的肌丝滑行理论

肌丝滑行理论是指肌肉的缩短或伸长是由于肌小节中粗肌丝和细肌丝相互滑行完成，而肌丝本身结构和长度不变。

（2）肌肉兴奋收缩和舒张的过程

肌肉的收缩是由细肌丝和粗肌丝的相互滑行实现，由横桥运动产生带动，而在完整的机体中，肌肉的收缩是由运动神经传来的兴奋信息引起，即冲动经神经肌肉接头传递至肌膜，再触发横桥运动，产生肌肉收缩，收缩后再舒张，然后进行下一次收缩。简而言之，肌肉收缩和舒张的全过程是由三个环节构成：兴奋—收缩偶联、横桥，引起肌丝滑行，收缩的肌肉舒张。

3.肌肉的力量

（1）静力性力量和动力性力量

肌肉力量一般可分为静力性力量和动力性力量。静力性力量指肌肉等长收缩时的力量，能让身体保持某一姿势但不产生明显的位移运动。动力性力量是肌肉向心或离心收缩时所产生的力量，是人体或动作明显产生位移的动力。动力性力量又分为重量性力量和速度性力量。重量性力量的大小主要用肌肉工作时所推动的器械的重量来计算，例如，举重运动使用的力量就是典型的重量性力量。速度性力量的大小则是由加速度来评定，此时认为器械的重量恒定，例如，田径运动中的投掷、跳跃、足球运动中的顶球、踢球等属于此类。

（2）绝对力量和相对力量

另外，有时也把肌肉力量分为绝对力量和相对力量。绝对力量指机体克服阻力时使用的最大肌肉力量。相对力量是指单位体重、去脂体重、体表面积、肌肉横断面积表示的最大肌肉力量。

（3）最大力量、爆发力和耐力

肌肉的力量按照其表现形式还可分为最大肌肉力量、爆发力和力量耐力等三种基本形式。最大肌肉力量以肌肉所克服的最大负荷阻力表示。爆发力是短时快速发挥的力量，以力与发力速度的乘积表示。力量耐力指肌肉长时间对抗阻力的能力，以持续时间或重复次数表示。

（二）呼吸与运动

人体在新陈代谢过程中不断地从外界环境摄取氧气，然后排出二氧化碳，这种机体与外界环境之间的气体交换过程称为呼吸。呼吸的全过程分为外呼吸、气体运输和内呼吸三个环节。外呼吸是指外界环境与血液在肺部实现的气体交换，它包括肺通气和肺换气；气体运输是指肺换气后，血液载氧通过血液循环将氧运送到组织细胞，同时把组织代谢产生的二氧化碳运送到肺部的过程；内呼吸是指人体组织毛细血管中的血液与组织和细胞之间的气体交换，也称为组织换气。

1.肺通气

肺通气是指肺与外界环境之间的气体交换过程。

呼吸肌的收缩和舒张引起胸廓节律性地扩大与缩小称为呼吸运动，它是实现肺通气的原动力。肌肉收缩与舒张带动胸廓的扩大和回位。从而引起肺内压与大气压之间的压力差，推动气体进出肺部，再具体一点而言就是肺泡与外界环境之间的压力差实现了肺通气。

①肺内压

肺泡内的压力称为肺内压。人体平静时的呼吸是由吸气肌的收缩来实现的，属于主动过程。当吸气时，胸廓扩大，肺内压下降，当下降至低于大气压时外界气体顺压力差进入肺泡。在平静呼吸时，呼气运动并不是由呼气肌收缩引起，是胸廓和肺依靠弹性回缩使肺容积缩小，肺内压升高至大于大气压时，肺内的气体由于压力差被排出肺部。而在用力呼吸时，呼气和吸气都是主动的。

②弹性阻力

呼吸器官的弹性阻力来自胸廓和肺，其阻力的大小可用顺应性来衡量。顺应性是用容积变化与压力变化的值来表示。正常情况下，肺部的结构顺应性因肺的总容积不同而不同，总容积越小，顺应性也越小。少年儿童的肺容积较成人小，运动时呼吸肌比成人易疲劳。比如，青少年足球运动员在训练时，若想增加相同体积的气体，其肺扩张的比例比成人要大，肺的弹性回缩力也大，更容易疲劳。

③非弹性阻力

肺通气的非弹性阻力包括惯性阻力、组织的黏滞阻力和气道阻力。气道阻力来自气体流经呼吸道时气体分子之间和气体分子与气道壁之间的摩擦，是非弹性阻力的主要成分，占80%—90%。

2.肺换气

肺泡与肺泡毛细血管之间的气体交换称为肺换气。体内毛细血管与组织液之间的气体交换称为组织换气。气体交换过程都遵循着一定的物理和化学规律，氧和二氧化碳都是通过物理溶解和化学结合的方式来完成气体交换。

（三）能量代谢与运动

新陈代谢是生命活动的基本，它包括物质代谢和能量代谢。物质代谢指机体从外界环境中吸收各种营养物质，用来更新机体的组成或转化为能源物质贮存，同时机体将代谢产物排出体外，这一过程需要消耗能源物质，伴随着能量的释放、转移和利用的这一过程称为能量代谢。

1.能量的代谢途径

人体的生命活动伴随着能量的代谢，这些能量来源于食物，他们被人体吸收转为糖类、蛋白质和脂肪贮存于体内，这些物质被称为能源物质。能源物质在分解释放能量时，有一部分以热能的形式散发，用来维持体温，另一部分转移至细胞中三磷酸腺苷（ATP）的分子结构中，三磷酸腺苷是机体各器官、组织和细胞能利用的直接能源。但是人体细胞中三磷酸腺苷的含量是极有限的，它必须一边分解一边合成，才能持续保证生命活动所需的能量供应。

人体消耗的总能量主要用于基础代谢率、食物的生热效应和运动的生热效应三个方面。三磷酸腺苷的合成与分解是体内能量流转的关键环节。三磷酸腺苷分子的高能磷酸键断裂，并释放能量，用于机体各种活动所需，不过，除了用于骨骼肌运动之外，三磷酸腺苷释放的能量最终都转化为热能。

2.能量代谢的测定原理

热力学第一定律指出，能量在各种形式的转化过程中，既不增加也不减少。机体的能量代谢也遵循这一规律，无论是热能、化学能还是用于机械做工，能量总和不变。由于在静息状态下，能源物质所释放的能量最终都转化成热能，所以测定单位时间内机体产生的热量就可以测算出机体的能量代谢。对于运动时总能耗的测定，除了测量机体散发热量的同时，还要测量机体对外做功所折算的热量，两者之和就是单位时间的能量代谢。

（四）血液的循环与运动

血液在心血管系统中按一定方向周而复始地流动称为血液循环。血液循环的主要功能是为身体各器官组织供应氧和营养物质，同时将代谢产物运送到相应的器官并排出体外。另外，内分泌腺体分泌的激素也由血液送达靶器官进而发挥调节作用。除此之外，血液还发挥着维持人体内环境的稳态和免疫功能的作用。因此，可以说血液循环系统是人体生命活动的基础。随着运动活动的进行，代谢活动发生相应的变动以适应人体所需，此时血液循环也随之做出适时、适度的调整来响应运动的要求。如果人体长期参加规律的、科学的运动训练或健身运动，血液循环系统无论从功能上还是结构上都会产生一系列的良好适应，从而人体健康水平也得到提高。

心脏是血液循环的动力器官，它的作用就是通过心室肌的收缩和舒张，将血液泵进动脉和抽吸回心房。心房和心室不间断地、有序地收缩与舒张是实现心室泵血的前提和基础。

心室每次搏动泵出的血量称为每搏输出量。健康成人静息状态的每搏输出量为70毫升左右。但即使同样是静息状态，身体的姿势不同每搏出量也不同。一般情况下，卧位的每搏输出量要多于坐位，因为卧位时身体是水平位，全身的血流基本上与心脏处于同一平面，因此少受重力的影响而有利于血液回心。

（五）内分泌与运动

内分泌系统是由内分泌腺以及分散于组织器官中的内分泌细胞组成，内分泌系统更像是一个体内的信息传递系统，与神经系统相互配合共同调节机体的活动，以及维持内环境的稳定。内分泌与外分泌的最大不同之处在于内分泌没有导管，分泌物直接进入组织液或血液。由内分泌系统分泌的具有高活性的有机物质称为激素。激素进入血液后再经由血液循环运送到全身各处，对组织或细胞发挥兴奋或者抑制作用。

体内主要的内分泌腺有脑垂体、甲状腺、甲状旁腺、肾上腺、胰岛、性腺、松果体和胸腺等。

激素主要可分为含氮类激素、类固醇类激素和脂质衍生物类激素三大类。激素可对机体的生理作用发挥加强或减弱的作用。比如调节三大营养物质及水和盐的代谢、促进细胞分裂和分化、调控机体生长发育和成熟衰老过程、影响神经系统的发育和活动、促进生殖系统的发育和成熟，并影响生殖过程、调节机体的造血过程、与神经系统密切配合、增强机体对伤害性刺激和环境激变的耐受力和适应力、参与机体的应激反应。

（六）神经系统与运动

神经系统对人体活动与运动的调节是通过大脑皮层、脑干与脊髓三级调控系统，以及大脑基底核、小脑的协调工作共同实现的。神经系统分为中枢神经系统与周围神经系统两部分，主要由神经元构成。神经元之间通过突触进行神经联系，反射是神经系统活动的基本方式。

神经系统工作机制十分复杂，不同的运动类型，调控方法也不同。生理学通常把人类和高等动物全身或局部的肌肉活动称为躯体运动。又依据运动时主观意识的参与程度将躯体运动分为三类：

1. 反射性运动

反射性运动主要是指不受主观意识控制、运动形式固定、反应快捷的一类运动，如外部刺激引起的肢体快速回缩反射、肌腱反射和眼球注视等反射性运动。

2. 形式化运动（节律性运动）

形式化运动指主观意识只控制运动的起始与终止，而运动过程大多自动完成。因为这一类运动其形式比较固定，且运动具有节律性与连续性，比如步行、跑步、咀嚼、呼吸等。

3. 意向性运动

意向性运动是指具有明确的目的性，完全由主观意识支配运动全程，这类运动的运动形式较复杂。比如，跳高运动的运动员需要决定方向、选择高度、运动的轨迹，以及跑动的速度和节奏。

二、运动心理学的理论基础

运动心理学作为心理学的分支学科，是研究人体在体育运动中的相关心理活动及其规律的科学。简单可概括为如下几方面：

（1）人在运动中的心理特征与规律，以及个性差异与运动的关系。

（2）运动对人的心理过程和个性产生短期和长期的影响。

（3）掌握运动知识、技能以及训练的心理学规律。

（4）竞赛中人的心理状态及调节。

美国学者考克斯（Cox，2007）对运动心理学给出了一个简洁的定义：运动心理学研究的是心理和情绪因素对运动和锻炼表现的影响，以及参加运动所产生的心理和情绪效益。

（一）个体心理与运动表现

1.运动动机及分类

动机是推动人进行活动的心理动因或内部动力。运动动机被定义为推动人们参与体育运动的内部动力，是一种内部心理过程，行为是这一内在过程的外在表现。运动动机的产生有两个必要条件：即需要和诱因。

需要是因缺乏而引起的内部的不舒服感。当需要没有获得满足时，人的内在平衡便会遭到破坏，在生理或心理上都会有不适感。强身健体、情绪宣泄、获得认同等都可以是参加运动的需要；而诱因是激发参加运动的外部因素，这种因素可能是生物性因素也可能是社会性因素。如高额奖金、舒适的运动环境和设备等都可以是人们进行运动的外部因素。运动动机常常是需要和诱因的共同作用下产生和进行，其中内因为主导，外因为辅助。

按照动机的来源不同可将运动动机做如下分类：

（1）直接动机和间接动机

根据需要的特点可以分为直接动机和间接动机。直接动机以兴趣为基础、指向活动过程。间接动机以间接兴趣为基础、指向活动结果。一般来说运动员都同时受到直接动机和间接动机的驱使。相比较之下，直接动机对行为的推动作用更为有效。当运动的难度加大或者需要特别努力时，直接动机就遇到阻碍，需要和间接动机相结合，将过程、目的和意义整合在一起。

（2）外部动机和内部动机

根据来源的不同又可将动机分为外部动机和内部动机。外部动机是指来源于外部原因的动机。如为了获得公众的赞誉而努力训练。内部动机以满足自尊心和自我实现等心理需要为主，如渴望从运动中获得身体上的快感、刺激。相比较而言，内部动机的动力更强，维持时间较长。但内部动机的不足使它更多地指向运动过程而非结果，如果只注重培养运动员的内部动机，那么运动员可能会缺少野心和竞争意识。外部动力对运动员的推动力相对较小，作用时间也较短。以外部动机主导时如果挑战目标失败了，那么会容易泄气，产生懈怠心理。因此，在青少年的培养中要注重内部动机和外部动机一起发展，才能产生更好的效果。

2.运动动机与运动表现

（1）归因理论

归因广泛存在于社会生活的方方面面，是人们随时随地都会发生的一种心理活动。韦纳对归因理论的解释最为简练易懂，他指出个体在遇到事情时通常会做出一定的归因，比如能力、努力、运气和任务难度。这四种归因又可分为三个维度：控制点、稳定性和可控性。

正确的归因可以激励个体，错误的归因会阻碍个体采取积极的行动。目前，有关归因理论的研究结果并不一致，但是采取恰当合理的归因可以有效地指导运动员特别是青少年运动员的训练和比赛，进行积极应对。有计划的归因训练可以改变运动员认识成绩的方式，也可以改变运动员的实际表现。在培养青少年足球人才的过程中，要对心理培养和建设给予充分的重视，特别是动机培养、归因练习，这些都是球员训练的重要组成部分，与体能训练、技战术训练等等同等重要。

（2）自我效能

自我效能理论是指一个人对自己能否成功地完成一项任务所持有的信心和期望，或是对自己能够成功完成一项任务所具备的潜能的认识。自我效能又称为"自我效能感""自我信念""自我效能期望"等。影响自我效能的有四种信息：成功经验、替代经验、言语说服和情绪唤醒。

（二）运动团体与运动表现

1.团体凝聚力的概念

社会心理学家将团体界定为由两个或两个以上的个体组成、彼此互动或相互影响的组合。卡伦等人将运动队界定为由两个或以上的个体组成的团体，其成员具有共同身份、共同目标、共同命运，成员使用结构化的模式交流及互动，成员之间相互依存、相互吸引，以一个整体的形式存在。

团体凝聚力或团队凝聚力反映的是团体倾向于聚集在一起、追求某一共同目标的动态过程。这一定义体现了凝聚力的动态性、工具性及情感性。凝聚力是团体生活中的重要因素。

2.团体凝聚力的心理结构

团体凝聚力是一个多维结构，包括任务凝聚力和社会凝聚力。任务凝聚力指队员团结一致为实现某一特殊的或者可识别的目标做出努力的程度。社会凝聚力是指团体成员相互欣赏，愿意成为团体一员的程度。对运动团队而言，任务凝聚力与队员团结一致为了实现同一目标相关联。比如球队为了赢得比赛每个队员相互配合、相互支持，尽最大努力地发挥自己的位置职责，给队友创造最佳机会等等，都是为了一个共同的目标。而社会凝聚力则与队员之间的相互欣赏、相互认同和吸引有关。但是值得注意的是，任务凝聚力并不等于社会凝聚力。球员之间也许有较低的社会凝聚力，但是这并不妨碍他们有极高的任务凝聚力。

3.团体凝聚力的效果

个体及团体效果都包括行为效果、绝对及相对表现效应。个体效果还包括满意度。运动队或运动员个人的输或赢，是团体及个体绝对运动表现效应的衡量指标。而将一支运动队或运动员本人目前的表现与先前表现相比较，则衡量了团体及个体的相对运动表现效应。比如，一名球员也许"输掉"了一场比赛，他的绝对运动表现效应失利，但却获得了参赛以来的最好成绩，就是相对运动表现效应的提高。另外，团体凝聚力会影响个体对团队其他成员及团队的满意度。

4.团体凝聚力与运动表现

团体凝聚力与运动表现间互相影响。凝聚力会影响运动表现，反过来运动表现也会影响凝聚力。有学者曾做过大量的研究，结果发现凝聚力与运动表现之间存在着正向关系。比如，高水平的凝聚力将带来更多的努力，进而提升运动表现，反过来又会促进团队的凝聚力，呈现出循环关系。

5.促进团体凝聚力的途径

一个运动团队一般包括教练、体能教练、领队、运动员、心理咨询人员等等不同的角色，承担着一定的影响能力和影响途径，如果要提升团队的凝聚力需要通过协同努力。

（1）教练要创造有效沟通的环境

研究发现，团队成员的有效与凝聚力提升呈现循环关系，即沟通的增加可以提升团队的凝聚力，凝聚力提升了又会促进成员之间更多、更有效地沟通，循环往复。因此，教练或者团队领导者有责任营造一个有效沟通的环境，促进运动员之间能够在一个轻松、和谐的氛围中进行自由表达，抒发自己的思想和情感，并且能够得到认真的回应或对待。一个团队领导者应注意打造开放式的沟通渠道和环境，会促进提升凝聚力，凝聚力的提升又会鼓励团队成员间更加开放地沟通和交流。鼓励每个队员能够真诚地表达自己的正面或者负面的情绪，秉持着开放和建设性的原则，使团队彼此之间具有深度的了解、更少的误解，这些都是积极建设团队凝聚力的有效途径。

（2）明晰个体在团队中的角色

如果每个运动员都能清晰地知道自己在团队中的角色，将有助于提升团队的凝聚力。这首先需要教练清楚地解释每个成员的角色，以及每个角色对团队成功的重要性。每位队员在明确了自己的角色认知之后，对个人目标和团队目标有了整体把握，那么对接下来的努力具有非常重要的指导意义。并且，一个具有高凝聚力的团队，每个成员的努力都会潜移默化地带动其他成员也投入和付出等量的努力。

（3）设定具有挑战性的团队目标

具有挑战性的目标对个体和团体都有正向激励的作用。这里要强调的是，设定目标是对一个努力过程的预期，不仅仅指向结果。也就是说目标要关注过程和表现，而非仅仅局限于最终结果。比如，预先假设团队达成目标，那么团队会因为每个人的努力、表现和结果而受到鼓舞，也为自己的成就感到荣耀，提升团队凝聚力。而假设团队没能达成目标，可是每个人付出的努力以及更好的表现同样也是对目标的回应和实现，也具有意义，是阶段性的进步，是为达到目标的一次有效努力。

（4）提升成员对团体的认同感

打造团队的独特性有助于提升团体认同感，进而提升团体凝聚力。因此，教练员可以留意挖掘团队的独特性，并通过一些手段或者仪式展示，将会提升成员对团体的认同感，进而提升团体凝聚力。

三、校园足球后备人才培养的基础原则

（一）遵循足球运动规律

对足球后备人才的培养必须要遵循青少年运动员个人成长和足球运动训练的基本规律，具体如下。

1.身心发展的基本规律

随着足球后备人才身体各系统功能的逐步成熟，各种运动素质也不断发展和提高。但不同青少年在不同时期的生长发育特征存在着一定的差异，有的生长发育快，有的生长发育慢；有的系统发育早，有的系统发育晚，这是正常现象。因此，在培养足球后备人才时要遵循其机体生长发育的基本规律，合理安排训练的量与负荷。教练员要根据后备人才的身心特征及发展规律有针对性地进行培养。

2.运动竞技能力的规律

足球竞技能力是指运动员参加足球比赛的能力。足球运动员竞技能力的高低主要取决于自身运动水平，除此之外，也受到比赛环境、对手竞技水平等客观因素的影响。一般来说，足球运动员竞技能力的构成要素主要包括体能、技术和心理素质等几个方面。其中，体能占据重要地位，是完成比赛、取得理想比赛成绩的基础。同时，运动员技术的发挥也在一定程度上受体能水平的影响和心理素质的影响，有时心理素质会起到决定性作用，尤其是在高水平的足球比赛中。总之，足球运动员竞技能力的构成要素之间是相互影响、相互联系的，缺一不可。

3.足球训练的实战性规律

足球运动员进行训练的目的主要是提高自己的技能水平，取得理想的比赛成绩。因此在足球后备人才的培养中，要注意以下两个方面。一方面，足球技能的培养要全面而系统。足球比赛异常激烈，在比赛中往往会发生一些突发状况，因此运动员要在赛前仔细分析对手的技术特点，有针对性地进行训练。另一方面，足球运动员的技术发展要适合足球运动的实战性需求。足

球训练具有阶段性特征，在学习的起始阶段，大多数教练都采用分解和完整练习法，使运动员形成正确的技术概念和技术动作。但是，运动员技术水平是通过实战来检验的，因此要结合实战进行训练。在进行技术训练时，技术运用能力在原有基础上会得到不断的发展和提高，因此在训练中要不断修正技术动作，使运动员运用技术的能力持续提高。

（二）重视职业道德培养

职业道德教育是青少年健康成长的保证，所以要教育青少年树立坚定的事业心，拥有强烈的祖国荣誉感、责任感，培养其公正竞赛、团结拼搏的职业道德。使青少年后备人才从小就养成优良的品质和良好的文明习惯，勤学苦练，奋发图强，全身心投入到提高比赛技能和丰富专业理论知识的学习中去。

需要强调的是，足球运动员的职业素质应与足球运动技术发展相统一。运动员的职业素质在足球运动训练中也有着重要的地位，因此在足球后备人才的培养过程中，要加强对其职业素质的培养。同技术发展一样，职业素质的提高也需要一定的过程。运动员的职业素质反映在训练比赛中的纪律性，以及与同伴的交流、配合等方面，运动员只有职业素质提高了，才能更好地应对复杂的社会环境，处理好赛场上的突发状况。因此，对足球后备人才职业素质的培养要贯穿于培养的始终，在职业素质的培养中应注意以下几个方面。

1.热爱足球事业

教练员首先要培养后备人才对足球运动的兴趣与积极性，使其以饱满的热情积极地投入到足球训练当中，享受足球带来的乐趣，这样才能承受长期高负荷的训练和比赛，才能促进聪明才智的发挥和对高水平技能的掌握。

2.注重责任感、交流沟通能力的培养

教练员要培养足球后备人才高度的责任感，使其在比赛中敢于承担责任，及时同队友做好沟通和交流。只有这样，才能建立起具有集体主义精神的团队。

3.加强自律

教练员要注意培养足球后备人才的自律性，使其在足球运动训练中，虚心听取指导意见，严格要求自己，不能在取得暂时的成功后而降低对自己要求。只有这样，才能使得足球后备人才的训练水平不断提升。

（三）突出个性特征

在足球运动训练过程中，运动员在体能、技能、智能等方面都存在着一定的差异，这就要求在训练中要根据运动员的不同特征，进行针对性的训练。做到区别对待、因材施教，只有这样才能达到理想的训练效果。

国外大多数优秀足球运动员的训练都充分考虑到了足球运动的特点和个人技术的需要。在足球运动中，每名运动员都有自己的独特的体能和技能特点，只有在保证基本的足球训练的基础上，突出运动员的个性特征，才能促进足球运动员技能水平的不断提高。

四、校园足球后备人才培养的基本要求

教练员在足球后备人才的培养中承担着非常重要的角色，通过教练员良好的组织和管理，可以为后备人才创造良好的训练氛围，从而促进其足球技战术水平的不断提高。在对足球后备人才进行培养的过程中，应该注意以下几方面的要求。

（一）明确制定切实可行的培养目标

制定一个切实可行的培养目标，是足球后备人才培养工作中的重要环节。在具体的培养过程中，教练员对每名球员都要制定明确而实际的培养目标。这是因为每名球员都存在着较大的差异，参与足球运动的动机、训练的水平、身体素质等都有不同。例如，有些足球后备人才是因为对足球感兴趣才参加训练的，而有些可能是在父母的要求下参加训练的。无论是哪种原因，一旦成为球员，教练员就有责任帮助其制定和实现目标。

另外，足球后备人才在生理和心理上也存在着较大的差异，这就要求教练员在进行培养时，要设计出适合不同后备人才的训练体系，并注意不同年龄阶段后备人才的训练内容和要求，而无论是对哪一个年龄阶段的球员进行训练，在安排和培养目标上都要具有针对性。足球教练员在培养过程中，要采用多种方法，结合后备人才自身的特点进行。

（二）创造轻松活泼的训练氛围

在足球教学与训练的过程中，教练员要密切关注青少年球员的兴趣，努力创造一个和谐有趣的训练氛围，以提高青少年参与训练的积极性。在训练的早期阶段，教练员应该注意到不要过早地固定球员场上的位置。这一阶段的主要训练任务应该是使球员了解和熟悉场上所有的位置。教练员在设计训练内容时要特别用心，应将青少年后备人才的各种因素考虑在内。

对足球后备人才进行培养时，不要过分追求最终的比赛成绩和结果，而要注意场上球员的表现。教练员应该对足球后备人才的训练结果给予积极的鼓励，为他们创造一个轻松的训练氛围，这样有利于后备人才自信心的增强。

（三）教练员有意识地完善自己

1.提高观察力和思考能力

在培养足球后备人才的过程中，教练员要注意提高自己的观察能力和思考能力，这对于提高自身的执教与执训能力大有益处。教练员要选择适合运动员身心发展特点的练习活动，每开始进行一个新的练习，都要仔细观察队员们对这项练习的反应和能够承受的负荷与强度。通过多方面的观察，进一步提高自身的思考能力，以便及时发现足球训练中存在的问题，从而尽量去改善练习方法的不足，以达到更好的训练效果。另外，教练员还要结合运动员的具体实际，设计出一套有效的训练方案，以期激发运动员参加训练的兴趣，进而提高其足球运动训练水平。

2.提高专业水平

要想提高足球后备人才的训练水平，教练员首先就要具备全面而丰富的足球知识和较高的足球专业水平，这就需要建立一个教练员培训部门，对教练员进行系统、正规的培训和管理，只有达到合格标准的教练员才能从事培养足球后备人才的工作，以保证足球培养与训练工作的质量。教练员要充分利用培训的机会，促进自身专业水平和执训能力的不断提高。

第二节　校园足球后备人才训练理论

校园足球的训练与竞技运动员的训练还具有一些不同之处，因此在开展校园足球后备人才的培养时，首先应明确校园足球后备人才训练理论有哪些特性，如何与竞技足球运动员的训练相区别，以便产生最佳的训练效果。

一、足球运动训练的长期性、系统性和具体性

要想培养出一流的足球运动员必须认识到足球人才训练是一个长期、系统、具体的过程，必须根据青少年成长发展的规律，制订出多年训练计划，才可能开展有针对性的训练。青少年球员的成长过程可以被划分为不同的层次，课时结构、训练课程安排需要与不同层次、不同年龄阶段青少年的身心特点相适应。

在此过程中，需要秉承如下训练理念。

（1）针对13岁以下的孩子，足球训练多采用游戏、娱乐、竞赛的方式，重在提升孩子的兴趣。

（2）针对11—15岁的孩子，重在培养孩子的技术能力，因为此阶段是技术形成的黄金期，孩子必须熟练掌握各项技术，保证技术动作的全面性、正确性，并开始进行战术素养的培养。

（3）针对15—17岁的孩子，重在培养其在激烈比赛中的竞技能力。

（4）针对17—19岁的孩子，重在激发青少年的比赛斗志，增强比赛的对抗性。

二、足球运动训练的思维性

（一）足球运动对思维能力要求较高

校园足球训练还能有效提升青少年球员的思维能力。这是因为，现代足球运动一直向快速、整体强对抗性、攻守转换的趋势发展，许多球队（如韩国队）正是因为正确把握住了足球运动的这种变化趋势，创造了历史。由此可见，足球运动越发地对球员的思维能力提出更高的要求。

因此，要想全面提升足球运动员的作战能力，首先需要锻炼球员的思维能力。比如，在高速运动中进行观察判断、作出决策的能力。著名足球教练柯柯维奇曾发出过"肌肉是大脑的奴隶"的感慨，如今的足球训练应该注重开发球员的智力。

（二）足球运动能刺激大脑早期发育

在人体发育的早期阶段，如果能开始足球训练，可以很好地激发儿童的创造性思维。因此，如果能大力开展小学阶段的校园足球教学，那么将对小学生的思维起到重要的影响作用。而且，长期坚持足球训练，不仅能培养青少年对一项运动产生深厚的兴趣，且锻炼了他们的意志，促使其在今后的学习和生活中能够积极面对困难和挑战。

在校园足球训练中，应该将重点放在提高后备球员的兴趣上，兴趣是最好的老师，兴趣促使他们尝试新的动作，兴趣激发他们的创造性思维。机械的模仿、单调的重复，只会抹杀青少年的个性，约束其想象空间，让他们过早丧失对运动的兴趣，难以体会足球运动的快乐。因此，在校园足球后备人才的培养中，尤其要重视保护和激发后备球员对足球的兴趣。

我国大多数职业球员在踢球过程中动作缓慢、机械，技术规范缺乏灵性。因此，一些著名的足球教练对我国球员的评价为："年少时就能够看出中国足球的痕迹，接球动作较为机械，跑位、技战术安排缺乏创新。"可见，在早期阶段，尤其是校园足球教育阶段，对青少年球员的兴趣的激发和引导尤为重要。

（三）思维能力决定球员的综合能力

足球训练如果不注重培养球员的思维能力，和纯粹的田径训练没有什么不同。有干扰的局部对抗训练能够较为直观地让青少年球员感受足球比赛的氛围和特点，持球球员在有干扰的各种变异情况下，需要采取各种手段控球或将球传出，因此，需要足球后备人才具备较强的随机应变能力，在复杂的局面下快速做出最佳决策。如果一名球员具备扎实的基本功，但缺乏应变能力，那么这名球员在比赛中也是毫无用处，难以作为。应变能力的培养靠固定的训练套路是无法实现的，球员只能反复参与各种形式的局部对抗，逐渐体会与感悟在不同位置、不同防守阵型下的应对方法。

在校园足球训练中，可以采取更多的具有创造性的方式。例如，限定青少年球员的触球次数、要求球员在训练比赛中穿不同颜色号码的衣服、在特定方格内进行对抗练习等等。鼓励教练员采用大量的比赛训练，比赛训练具有攻守转化快、触球次数多等显著优势，球员的位置感、随机应变能力也能在比赛训练中得到提升。许多传统足球强国已经广泛采取了比赛训练的形式，例如，英国有专门的分隔球场，以供球员开展训练。然而，我国大部分体校、业余球队几乎没有用过此种训练形式。我们需要尽快融入世界潮流，创造与采用多种形式的小型对抗训练，提升我国校园足球后备人才的思维能力。

三、足球运动训练的效率性

足球运动训练的效率性是一个非常重要的理念，因为只有训练的效率提高了，才能保证运动员训练的效果，其竞技水平才能得到有效的提升。要寻求运动训练的效率性，需注意以下几点。

（1）训练内容要丰富，训练形式要富于变化，在训练中，每一种训练形式的平均心率要保持较高的水平。

（2）要重点强调训练的质量，将训练质量放在第一位，对训练时间不做过分强调。

（3）训练中教练员要时刻强调训练的效率，训练效率的提升有助于球员在训练过程中保持高度注意，时刻充满激情。

第三节　我国校园足球后备人才培养模式概况

我国在校园足球后备人才的培养方面，经历了多年的摸索和实践，在理论研究方面也卓有成效，这些都是未来推动我国校园足球发展的宝贵财富，应该进行系统的总结和整理，本节将对我国校园足球后备人才培育的模式进行深入分析。

一、我国校园足球后备人才培养的现状与问题

（一）培养经费

我国政府对校园足球后备人才的培养十分重视，从资金上给予了很大的

支持，政府拨款成为培养运动员的主要经费来源，而其他筹资渠道较少。这就造成了后备人才培养经费紧缺的问题，因为单一的经费来源难以应对日益高涨的培训需求，尤其在足球这一高度发达的竞技项目中，要想全面地、科学地、先进地培养出优秀运动员，需要大量的经费支持，而当前紧靠政府财政拨款的方式，显然无法与西方足球运动发达国家靠市场和资本运营相比，这在根本上就造成了人才培养的差距。

（二）学训矛盾

校园足球后备人才具有"学生"和"运动员"的双重身份，作为"学生"要以学习为重，而作为"运动员"又要参加训练和比赛，这就产生了学训矛盾。尽管面对这一难以调和的矛盾，各个学校已经通过制定具有弹性的学分制来缓解，但是在我国应试教育的大背景下，大多数普通学生的文化课学习是满负荷运转的，而足球后备人才由于要拿出大量的实践进行足球训练和参加比赛，因此与普通学生相比，其文化课成绩被远远落在后面，这一现象早已普遍存在，且很难从根本上解决。这一问题是体教融合培养模式的最大困扰。

（三）训练问题

校园足球教学中存在球员综合素质良莠不齐、教练专业素养不高、训练时间不合理、学训矛盾严重、训练方法缺乏创新、训练环境有待改善等突出问题，这些问题的存在直接导致校园足球后备人才的培养无法满足国家对足球教育以及足球后备人才培育的需要，而其明显的弊端也一时很难得到解决。

（四）专业团队问题

培养一支出色的校园足球队需要先建立一支包括足球教练员、裁判员、医务人员、运动营养专家、专门管理人员等相关人员的优秀专业团队，但目前来看，我国很多学校缺乏这样的专业队伍，教练员业务能力有限、裁判员专业素养不够、运动营养专家和医务人员配备不齐、管理人员缺乏统筹管理能力等问题普遍存在，不专业的团队制约着校园足球后备人才的培育质量和培育效率。

二、我国校园足球后备人才的培养策略

要改善我国校园足球后备人才的培养现状，需要从以下几个方面来解决问题。

（一）规范选拔程序

学校应重视起人才选拔环节的工作，设立专门的小组来负责足球后备人才的招生工作。按全国统一标准招生，落实资格认证相关政策条例，严密把控招生过程，规范整个过程中各个程序和环节的具体工作，提高选拔门槛，以有效提升人才选拔的效率和质量。

（二）解决学训矛盾

（1）保证足球后备人才的文化课学习时间，使球员文化课成绩达到一定的要求，否则会影响他们的就业。

（2）为鼓励后备人才积极学习文化课程，可建立恰当的奖惩机制，如向文化成绩突出的运动员发放奖学金，对成绩特别差的运动员给予一定的处罚，使足球后备人才自觉学习文化课程。这是解决学训矛盾的有力措施。

（三）提高教练员专业水平

（1）去除委任教练的制度，实行聘请教练的模式，采用教练负责的方法，聘请外界专业的、高水平的教练来指导校园足球后备人才的训练。通过

这种方法能够提升我国校园足球联赛的水平，进而挖掘一批优质的足球教师和教练。

（2）相关部门颁布一些规定和政策来加快优秀足球教练的培养，加强岗位培训，提升足球教练的专业水平。

（3）高校在教练员管理方面采取奖励机制来调动教练员执训的积极性，使教练员主动通过自修、培训等方式提高专业水平。

三、我国校园足球后备人才培养的基本模式

（一）三级训练体制下的培养模式

三级训练体制，主要指的是业余体校、省市地方队、国家队训练体制相结合的一种训练形式，是我国所特有的一种体制或模式，这一体制在发展之初起到了非常重要的作用，在这一体制下，我国涌现出了一大批高水平的运动员。这是我国在"举国体制"下的竞技体育资源配置渠道与方式，是我国所特有的培养模式。在这一模式下，足球后备人才培养的资金来源主要是政府部门的财政拨款。这种模式的主旨是实现国家制定的竞赛目标，其功能是为国家培养专业的运动员，属于一种国家意志化和政治功能化的特殊竞技模式，通过这一培养模式的利用，我国的竞技体育水平得到了迅速的提升，在足球领域，也出现了一些优秀的足球运动员。

综合来看，三级训练体制下的培养模式主要有以下几个优点。

1.节约性

在三级训练体制下，足球后备人才的培养模式可使足球运动员培养的"专业化"体系得到科学、合理的利用，并能最大限度地发挥出这一体系的优越性，为足球运动的健康发展提供良好的保障。

2.稳定性

在三级训练体制模式下，足球运动后备人才能获得全面的发展，各方面都能保持一定的稳定性，非常有利于足球运动的可持续发展。

第三章　校园足球后备人才培养理论与模式

3.高效性

在三级训练体制下，可以集中有限的资源为足球运动的发展提供良好的保障，使有限的资源得到充分利用，以培养出优秀的足球运动员。这是这一体制高效性的重要体现。

大量的实践与事实表明，这一人才培养模式曾经在我国足球运动发展的过程中起到了非常重要的作用。然而，随着现代竞技体育的不断发展，这种模式受到了极大的冲击，其忽视文化教育、忽视后备人才发展等弊端也日益显露出来，急需加以改进与完善。

（二）学校业余训练模式

学校可以说是人才培养的一个重要基地，为挖掘具有运动天赋的运动人才，我国出现了学校业余训练模式。这一模式就是在体育教学和课外体育活动的基础上，开展各种形式的业余训练，课余时间组织有足球天赋与特长的学生参与足球训练和比赛，促进校园足球运动队竞技水平的提高，促进校园足球发展。这种模式的训练时间较为灵活，具有很强的可操作性，对于学生足球运动水平的发展和提高具有重要的意义。

目前来看，受各种因素的影响，我国学校业余训练模式还存在不少问题，需要进一步改进与完善，还需要经历很长的时间。在这一模式下，我国校园足球的发展情况如下所述。

（1）有很多的校园足球场地设施不足，不能很好地满足学生学习足球的需要。

（2）足球教师或教练员的综合水平较低，对于学生运动技能及综合素质的发展是十分不利的。

（3）目前，我国足球比赛比较涣散，还没有形成一定的系统和规模。普通学校中通过业余训练参加竞赛的学生数量少，水平低。可以说，体育系统内业余体校的学生将教育系统内的足球比赛当作了自己的练习场，因此很难保证比赛的质量。

（4）中小学中参加足球训练的学生数量不多。这主要是受传统观念影响和制约的结果。大部分家长传统观念严重，只重视文化课程的学习，担心孩子参加训练会影响文化课成绩。学校也是如此，占用体育课、占用足球训练与比赛的时间来安排文化课程的教学，以提高升学率。

学校业余训练模式的种种问题，使足球运动竞技的发展乃至全国足球后备人才的培养受到消极的制约与影响。因此，作为原有竞技体育后备人才培养的辅助系统，学校业余训练模式并没有发挥自身应有的作用。

（三）职业俱乐部足球人才的培养模式

目前，足球发达国家的职业联赛已经处于高水平的发展阶段，并且已经形成了非常完善的职业俱乐部青训人才培养体系，在这一体系中涌现出了一大批优秀的足球运动员。20世纪90年代，我国成立了足球职业联赛，在此之后中国足球开始向着职业化的道路前进。但需要注意的是，由于我国职业足球的起步较晚，且基础水平较低，因此与其他足球发达国家相比存在着很大的差距。但是足球职业化的这一发展方向是正确的，在今后的发展中，需要我们主动吸收和借鉴国外足球发达国家的先进经验，并结合我国的具体国情，走一条特色化道路，相信在不远的将来我国也会涌现出大量的高水平足球运动员。

第四节 构建校园足球后备人才体教融合培养模式

"体教融合"是我国近些年来培育后备竞技体育人才的重要理念和模式，本节将对这一竞技体育后备人才培养模式的构建、遇到的现实问题，以及应对策略等进行分析。

第三章　校园足球后备人才培养理论与模式

一、体教融合培养模式的内涵

随着我国体育教育改革的不断推进，人们对"体教融合"的研究越来越深入，当前，教育界和体育界人士对体教融合中"体"和"教"有了更深层的理解和认识。比如，"体"不仅仅是指代"体育"，而"教"也不仅仅是指"教育"，更准确的理解为"体育系统（部门）"或"教育系统（部门）"。因此，对"体教融合"的理解也得到推进，即为系统或部门之间的协同、竞技体育后备人才培养与文化教育的结合、"竞技运动"和"学校体育"的融合、体育与青少年学生的教育结合等。

在此背景下，校园足球后备人才的培养也有了更深刻、更切合实际的指导理念，对构建足球后备人才培养模式具有重要的价值。在体教融合视域下，我国校园足球后备人才培养模式呈现多元联动的效应。如加强非体育学校、体育传统特色学校、体育运动学校、青少年俱乐部等之间的联系与合作，以争取实现高效的协同发展。其中，高等体育院校要发挥其专业优势并勇于承担更多的责任，为构建出成功的校园足球后备人才培养模式而贡献力量。新时期的体教融合旨在改进现有培养机制和体系，建立多元主体协同合作的联动机制，共同推动培养优秀足球后备人才和促进青少年全面发展双重目标的达成。

二、体教融合培养模式的意义

体教融合模式在业界得到普遍共识，是迄今为止发展体育教育和培育竞技体育后备人才的最重要的一种模式。然而，不同的学者对该模式提出不同的见解，对体教融合模式的意义也分别从不同的角度给出不同角度的论述，具体如下：

（1）从体育本质与功能的角度看，体育属于教育之下的概念，属于教育的一部分，体育所发挥的功能具有特殊性，是教育目标达成的一种特殊手段，对学生的成长具有无可替代的作用，尤其在促进学生的精神、心理、意志、品质等全面发展方面。

（2）从人的全面发展角度看，"体教融合"培养模式能够综合两个系统之间的资源，相互协调，促进后备人才的全面发展。因此，通过积极营造学校的足球氛围，可以对足球后备人才的成长起到良好的辅助作用。

（3）从竞技体育可持续发展的角度看，体教融合的模式可以充分利用学校资源，为竞技体育后备人才的发展提供更有营养的生长环境，并强调要保护好后备人才的受教育权，即除了要掌握高超的运动技能之外，提升他们的文化知识水平、建构完整的逻辑思维能力、学校能力等也具有同等重要的意义。

另外，"体教融合"培养模式能够在一定程度上促进我国体育传统项目学校发展的不足，极大限度地唤醒具有地方特色的体育传统项目的发展，促进我国竞技体育事业可持续发展。

三、校园足球后备人才体教融合培养模式的优化策略

（一）修正过时的体育价值观念

为了应对当前的竞技体育后备人才的培育需要，特别是通过对"体教融合"培养模式的科学解读，应加强对体育与竞技体育本质内涵与属性的再审视。教育系统与体育系统应有所选择地扬弃传统的对体育后备人才培养模式的认知理念，树立全新的、更加科学的体育价值观念。

教育系统应协调教育管理的思想，提高对体育育人价值、社会价值、经济价值等的领会，全盘考虑国家、社会、学校、家长、运动员的帕累托最优，充分认识到教育系统各级学校培养后备人才的独特优势。体育系统应改变本位主义，转变传统金牌主义理念下培养运动员的方式与评价方式，秉承"以人为本""夺标育人""健身育人"的理念，推动体育竞技后备人才的培

养有机融合到学校体育中。[①]

（二）打破传统的利益分割局面

"体教融合"培养模式的运行与拓展需要从整体的角度出发，对其体制建设进行革新，以达到最优的培养目标。同时，还要大胆打破传统的利益分割局面，从传统的"垂直分工型"转向"扁平分工型"的组织模式，以整合条块分割的体制障碍，打破教育系统与体育系统之间的利益壁垒，形成责任共担、资源共享以及利益共享的全新模式。

（三）以多元联动促进体教融合的整合

为了构建更具韧性和潜力的体教融合竞技体育后备人才培养模式，还应调动起各方面的力量，以多元主体联动的形式促进体教融合的真正整合。比如，首先要做的就是应让体育与教育部门形成"资源共生"的关系，打破传统封闭的管理体系和资源垄断行为，让优秀的教练员去学校，让优秀的教师去体校，通过资源共享，达到人才培养的最优化。

另外，还要畅通校园足球后备人才的竞赛体系，即横向形成小学、初中、高中、大学的"一条龙"培养体系，纵向形成暑期比赛、校际联赛、区际杯赛、国际邀请赛等立体化竞赛模式。[②]

[①] 初少玲.上海市体教融合的实践探索与理论分析[J].山东体育学院学报，2013（3）：53—55.

[②] 钟秉枢."教体结合"？[J].中国学校体育，2017（11）：2—3.

第五节 国外校园足球后备人才培养模式对我国的启示

在一些足球发达国家，其在后备人才培养方面也具有更为成功的经验，且有很多要素值得我们学习和借鉴。本节将对国外成功的校园足球后备人才的培养模式进行研究，并从中寻找有意义、有价值的启示信息。

一、国外校园足球后备人才培养模式的实践探索

（一）充分承认体育的育人价值

尽管我们说要向国外学习"体教融合"的成功经验，然而事实是，国外并不存在这一说法。其原因是在西方文化体系中一直都对体育有着充分的重视，他们对各个学科没有孰优孰劣的分别，即没有哪些学科有用或者哪些学科没用这样的说法。并且，在西方文化中一直都非常重视对人的体育的培养。许多为人父母者会在孩子很小的时候，就有意识地帮助孩子发展他们的体育兴趣，希望孩子能拥有一到两个伴随终身的体育爱好和习惯。

我们应该肯定并借鉴这一教育理念，即真正认识到体育的价值所在，充分承认体育的育人价值，而不是人为地将体育与其他学科的教学进行分离或者分类，从而造成不必要的人才培养障碍。

比如英国，作为现代工业文明的发源地，以及当今世界相当一部分竞技体育的发源地，拥有较为完善的竞技体育后备人才培养的演变脉络。其在体育教学方面最显著的特点是实用主义色彩。他们对体育的教学目标包括让体育满足大众的生活娱乐需求，提高其身体素质，以及促进社会的经济建设等。再如德国，则是通过充分肯定体育的社会教育功能，培养青少

年基本礼仪、道德规范以及社会责任感，让孩子们在身体与心理上都有舒适的体验。而俄罗斯更是在宪法层面上给予了体育至高的权利，在联邦宪法上明确规定"体育运动属于人的权利"范畴，国家有义务保障公民这一权利的征程行驶。

（二）完备的竞技人才培养体系

美国作为当前第一体育强国，其在培育竞技体育后备人才方面也具有较为领先的模式架构。比如，美国政府设有发展竞技体育人才的管理部门，其整体竞技体育后备人才均由市场来配置资源，因此全国的竞技体育后备人才享受同样的发展机会，只要是具有独特运动天赋的青少年，都能够被国家发现并给予科学的培养。并且，其庞大的体育网络体系会贯穿竞技体育后备人才的整个求学过程，从基础教育到大学教育，都具有非常成熟的人才管理机制。保证了优秀的竞技体育后备人才的职业发展之路顺畅无阻。

而英国的优势在于整合了体育资源与教育资源，也为竞技体育后备人才的发展构建了完备、稳定的培养模式。对于所有的优秀竞技体育后备人才，他们会从中小学、体育俱乐部、区域单项协会、英国体育学院直至成为一流的竞技体育运动员，具有十分完善的路径。

英美成熟的、自下而上的竞技后备人才培育模式得到了实践的检验，取得了丰硕的成果。这些都是鼓励我国构建出完备的竞技后备人才培养系统的有力资源，只是我们还要结合本国的实际情况加以调整和优化，从而找到具有中国特色的竞技体育后备人才培养模式。

（三）完善的制度与机制的设计

英美高效的竞技体育人才培养模式，离不开其背后具有完善的制度与机制的支持。美国高校体育管理机构对高等学校运动发展进行了全方位的制度设计，针对学生运动员入学要求、参赛制度、学业标准、财政支持、保险保障等进行了一系列的约束与规定。[①]1996年英国体育理事会成立,随后4个地区性体育理事会以及49个地方体育合作组织相继成立,形成了政府宏观管理、多方合作体育管理组织新体系,这些合作部门属于政府的代理部门,负责政策制定与颁布。而"体育部"是政府部门,做到了政事分开、管办分离。当前英国竞技体育发展更加注重强有力的组织结构和连续性政策供给,也注重政府、市场和社会三重力量的配置。并在体育参与、体育设施、运动员选材、教练员培养、资金投入、科研保障、运动员保障、联赛设置等形成高效的人才培养机制。[②]德国青少年"体教融合"培养模式有着完善、连贯具体的管理体制,由政府管理与社会管理两大系统构成,其中政府管理以联邦内政部为最高层级,下设各州市体育部、区级行政体育管理机构。社会管理最高机构为奥委会,下辖两条管理主线,一条是"奥委会—州市体育联合会—俱乐部",一条是"奥委会—全国单项协会—州市单项协会—俱乐部"。政府主要负责规划政策、提供经费以实现宏观管理,而具体工作(比赛、训练、运营)的落实由协会、学校等机构完成。其后备人才培养主要源于以俱乐部为代表的社会化培养制度与以学校为代表的学校化培养制度。[③]国家还从教练员培养问题、资金投入、质量性能管理系统评价(Foot PASS)等方面出台了一系列配套措施。

[①] 浦义俊,吴贻刚. 美国竞技体育发展方式的历史演进及动因研究——兼谈对我国竞技体育发展方式转型的启示[J]. 南京体育学院学报(社会科学版),2016,30(6):98—106.

[②] Mick Green. Power, Policy, and Political Priorities: Elite Sport Develope in Canada and the United Kingdom[J]. Sociology of Sport Journal, 2004(21):376—396.

[③] 刘远花,吴希林. 德国青少年体育发展及竞技后备人才培养经验与启示[J]. 首都体育学院学报,2014,26(4):338—342,375.

二、国外校园足球后备人才培养模式带来的启示

（一）重新审视体育的内涵

从国外各体育强国的发展理念来看，他们给我们最大的启示是对体育本质属性的认识较为透彻，因此在构建竞技后备人才培养模式时，能够从本质入手，因而得到了较为理想的效果。对此，我们应及时学习和借鉴其中的宝贵教育理念，重新审视体育的内涵。

具体而言，应重视起体育的育人价值，而不是将其列为"副科"，甚至在许多地区的基础教育阶段，体育的教学时间被严重挤占，学生们连最基本的上体育课的权利都被剥夺，更何谈对竞技后备人才的科学培育。体育是教育过程中不可或缺的一部分，而竞技体育后备人才的培养应该在这样的背景下进行培养，这样能够最大范围地选取资质较好的后备人才，也能给竞技后备人才以良好的成长环境。就校园足球后备人才的培养而言，应该在现有的机制内强化体育的教学，让足球后备人才在正常的学习生活中进行训练。足球训练不应成为拖累他们文化课学习的阻碍，相反，通过更加系统和专业的足球训练，能促使他们得到更加健全的人格，并同时获得智育、体育和德育。

总之，将校园足球后备人才的培养定位在培养综合、全面的人才上，将校园足球育后备人才的培养工作交还给教育部门，让这些青少年后备人才能够在学业与训练中均衡发展，从而有机会成长为国家一流的运动员。

（二）完善长效保障制度

国际上较为典型的英、美、德等国家都有较为完善的管理部门与制度设置，以保障"体教融合"高质量培养竞技体育后备人才。在管理上，英、美、德自上而下都有严密的组织设置，只是不同组织属性不同，有些组织不属于政府部门，但均起到了宏观调控与监督的职能，并在立法、税收、资金补贴等不同方面介入"体教融合"培养后备人才等事务的管理中。

（三）多主体协同参与培养

从美、英、德三国的竞技后备人才培育模式来看，对这些具有体育天赋的青少年的培养都是在学校体育普及的基础上，在学生11至15岁时由于有突出的表现而被着重培养。并辅以政府、体育社会组织、社会力量共同承担，在普及与提高阶段形成衔接紧密的人才培养体系。值得注意的是，他们在此阶段并没有脱离基础教育或者大学教育的传统，而是另外得到专业的培训。

就我国目前的"体教融合"培养模式的发展来看，应着力打造政府部门、学校、体育社会组织、市场组织多主体协同参与后备人才培养的合作机制，打破当前竞技体育发展的封闭体系。在青少年不同年龄阶段，通过合作的方式，由不同的主体发挥其自身优势，共同托起"体教融合"培养模式的新未来，各主体之间各司其职，教育系统与体育系统强化合作，集中培养竞技体育后备人才，优化"体教融合"培养机制。

第四章　校园足球后备人才基础素质培养

校园足球后备人才是我国发展足球运动的人才培养与储备，关系到国家体育发展战略的重要议题，因此应格外重视起对校园足球后备人才的培养工作。本章将对校园足球后备人才文化素质培养、校园足球后备人才体能素质培养、校园足球后备人才心理素质培养以及校园足球后备人才智能培养几个方面展开研究。

第一节　校园足球后备人才文化素质培养

近些年来，我国对竞技运动员的文化素养越来越重视，这不仅关系到国家竞技体育长远发展，而且对我国整体国民素质的提升也具有重要的影响作用。因此，在校园足球后备人才的培养中，也将文化素质的提升作为对这些后备人才进行培养的重要内容。

一、文化素质培养的重要性

随着我国综合国力的强盛，对后备体育人才的教育和要求都有了更高的标准和要求。校园足球后备人才仅仅是发展身体机能和运动技能已经不能达到校园足球发展的要求，更重要的是运动员的智慧、思想道德、文化素质与专业素质需要同时发展和进步。

如前所述，校园足球是国家软实力和社会文明程度的体现，作为新时代的校园足球后备人才，除了追求顶尖的运动水平以外，文化素质水平同样不能懈怠。对于优秀的运动员来说，接受文化教育、提高知识素养是能够长远发展的基础，这不仅仅关系到个人的体育运动生涯能走多高多远，还关系到我国校园足球的可持续发展的目标。因此，对校园足球后备人才的文化素质教育，无论对提高竞技水平和个人成长，还是对社会和国家的发展，都是非常必要和重要的。

（一）提高运动员的竞技成绩

一个运动员的竞技水平，除了取决于其身体条件和运动天赋以外，还和其智能以及理解能力相关。实践证明，运动员的文化水平越高，其"运动知觉"和"运动思维"的能力越强，即接受抽象语言的能力、对运动原理、能量代谢原理等会理解得更透彻。文化素质水平高的运动员，其情绪管理能力、排除负面干扰的能力也较强，由此可见，文化素质的高低与提高运动技能和比赛成绩都具有正向的关系。比较明显的例子是，国外许多优秀运动员是在籍大学生，由于文化水平较高，在训练和比赛中表现出非凡的领会能力、创新能力。相反，如果运动员文化素质低，对训练竞赛成绩的提高会带来很多限制或阻碍。

体育运动包含或涉及运动科学、人体科学、心理学等诸多学科的诸多分支，体育运动本身其实也是一门很复杂的科学，从技战术的提高、训练强度、超量恢复到运动动机等等都需要各种知识才能更好地促进提高运动技能和比赛表现水平。现代校园足球运动对运动员的文化知识、专业知识都有了新的要求，例如运动员需要掌握一定的运动训练学、运动生理学、运动解剖学、运动生物化学、运动心理学等相关知识，因为在运动员的日常运动中无时不在运用这些知识进行训练或比赛。文化素质直接影响运动员的技能水平、运动成绩甚至运动生涯的长度。

现代竞技运动越来越多地应用最新的科学领域的先进知识和技术。运动员只有具备了较高的文化水平，才能真正自如地运用运动训练的一般规律和特殊规律，才能用先进的科学文化知识和方法指导训练，才能最大程度地发挥运动潜能，不断地突破运动成绩。

（二）促进校园足球的持续发展

文化素质是一个人的底蕴，它对个人成长的各个方面都具有决定性的影响。对于运动员而言，文化素质的提高不仅仅对促进运动技能和比赛成绩的提高有直接帮助，而且对其思想觉悟、组织纪律、道德情操和行为习惯的养成等都有不同程度的提高。也就是说，文化素质可以提高一个运动员的综合素质和水平。对于校园足球后备人才来说，他们正处于价值观、世界观养成的阶段，因此这个时候加强文化素质的教育就显得格外重要。这不仅仅对体育人才的培养意义重大，而且对我国整体校园足球的持续发展也具有深远的意义。任何领域的持续发展都需要强大的综合实力的支撑，只有整体提高校园足球人才队伍的文化素质，与社会发展步调相协调，我国的校园足球才可以得到长足的发展。因为，校园足球的发展是社会进步发展的组成部分，它与政治、经济、科技、文化、教育等等各个因素相互影响和作用。校园足球后备人才代表着我国未来校园足球的发展方向和水平，而文化素质教育是这一切的基础，如果仅仅强调体育专业水平，而忽略文化教育，那么将很难适应和胜任我国校园足球持续发展的目标。

（三）帮助运动员顺利融入社会

由于校园足球训练需要大量的时间投入，加上以前对文化素质教育的认识不足，很多运动员在退役后都面临着就业压力。因为文化知识水平较低，技能单一，进入社会后不能适应市场经济对人才的需要。这既对构建和谐社会不利，也给未来后备人才的培养带来诸多阻力，打消了人们对职业体育发展的积极性，给体育行业的长久发展带来不利影响。

任何人的一生都不可能只有一个角色，职业也可能是运动员、教练、裁判员等等，但是在家庭中可以是儿子、女儿、父亲、母亲，在社会属性上又可以是少年、青年、中年和老年人，无论是在职场、家庭还是社会生活中，运动员也会充当各种不同的角色。然而，如果早年只强调对一种能力的培养，荒废了其他方面的成长与培训，那么在日后进入社会时，必然会面临各种各样的困难。没有一定的文化素质，则很难适应未来的科技型社会；没有一定的文化素质，则很难保证更好地教育后代；没有一定的文化素质，将很难参与飞速进步的社会建设。因此，亟待解决对校园足球后备人才的文化素质教育问题。就像国际奥委会主席雅克·罗格所说："我们要为运动员们结束运动生涯时顺利走向社会创造条件。"这就是人性化的校园足球理念。

二、文化素质培育的现状及影响

（一）文化基础普遍较差

由于许多竞技运动员从小就接受校园足球的三级化管理，严重影响了接受正规基础教育的机会，长期的训练让他们的成长过程相对脱离社会，缺乏对社会发展和社会生活的基本认知。同时，主观上，他们专注于训练，希望靠体育成绩实现个人成就，因此疏于对文化知识的学习和提高，这些都是运动员文化基础差的主要原因。甚至由于文化素质较低，很多运动员也会养成一些不良性格和习惯，比如暴力，酗酒等等。

随着我国近年的高速发展，无论是经济、科技、军事、教育、人文等方面都取得了显著成绩，成为世界强国。作为校园足球后备人才，也势必要跟上国家发展的趋势，跟上社会进步的节奏，这一切都离不开文化素质教育这一基础前提。随着时代的进步和社会文明的发展，校园足球运动员不能仅仅止步于掌握高超的运动技能、获得优异的运动成绩，还要与时俱进全面发展。

（二）限制运动员的整体实力发展

体育竞赛是运动员多种实力共同参与作用的结果。特别是顶级水平的比赛，参赛选手的运动水平常常难分伯仲，都是领域内目前最高水平的代表，有时候胜负之差就在于战术的合理运用和良好的心理素质使然。良好的心理素质可以让运动员在异常紧张的情形下依然保持稳定的心态，才能保证正常甚至超水平发挥；而战术的合理运用更加考验运动员的心态、经验、判断力以及决断力等综合能力的水平，这一切都需要极为优秀的文化素质为基础。良好的文化素质，不仅能让运动员的运动潜能得到更大的提高，还能培养运动员具备良好的竞争精神和合作意识，更好地体现出现代运动精神，倡导团结、协作、进取、和平的崇高体育精神。现代校园足球发展得高度成熟，运动员的最终运动表现不仅需要运动员有极高的技术水平，还需要具备优秀的文化素质和智能水平，否则运动员很难走得更高更远。哪怕只是一个单向技能的提高，除了靠运动员自身运动天赋之外，还需要各学科知识的帮助，在准确理解和运用运动科学、人体生理科学、运动心理学等的相关原理的前提下，进行科学训练才会真正地提高。文化水平较低的运动员，仅仅提高运动技能这一步就会受到约束和阻碍。因为这将取决于他们的运动感知能力、运动思维能力、理解力、情绪管理能力等，至于更高要求的战术运用和配合、临场应变能力、心理调节能力等，都需要具备一定的文化素质才可以做到。总而言之，文化素质低的运动员在提高整体实力方面会有更多的困难和阻碍。

（三）退役后就业困难

目前，我国的竞技运动员基数较大，绝大多数运动员退役后都将面临就业问题，然而由于多数竞技运动员并没有接受过系统的文化教育，常年专注于体育专业的训练，希望在校园足球上获得一定的成就，但是，即使体育成绩优异，对于大多数运动员而言，仍不能保证未来有良好的发展，甚至一退役即面临着就业的巨大压力。除了少数人能由运动员转为教练员之外，还有一部分创业经商，对于大多数运动员而言，由于普遍文化水平较低，短时间内无法达到职场的要求，单凭体育专长很难在社会立足。比如，曾有不止一名退役的世界冠军，在澡堂搓澡、做清洁工，昔日的世界冠军退役后却面临如此尴尬的境地，皆因为文化基础太薄弱。因此，退役竞技运动员的就业问题不是个别问题，在一定程度上属于体育制度的问题，也增加了社会的压力。

（四）影响我国校园足球的持续发展

虽然近年来我国在校园足球后备人才的培养方面重视文化素质的提高，运动员的文化修养在整体表现上有了相应的进步，在朝着好的方向发展，但是还远远不能满足社会发展的需求，不能满足我国校园足球持续发展的目标。首先，人们对竞技运动员"文化素质欠缺"的看法依然普遍存在。最明显的现象，就是家长对让孩子进入校园足球行业保持谨慎甚至是拒绝的态度，甚至大多数的运动员也不愿意让自己的孩子继续从事校园足球或者成为职业运动员。因为进入体育行业就意味着影响孩子的文化素质教育，甚至影响一生的职业发展。其次，我国校园足球的教练员大部分是从优秀退役运动员中选拔出来的，他们虽然具有顶尖的运动水平，但是由于自身在运动员时期也没有受过良好的文化素质教育，这直接影响了我国教练的执教水平，无论是正确的理论基础还是实践方法、战术设计等都无法得到保障。也就是说，教练的执教能力直接影响着后备校园足球人才的起跑高度和上升空间，同时，由于教练自身的文化教育存在不足，导致他们对文化素质并没有足够的重视，还是更多地强调运动训练而忽视对运动员文化素质的教育，造成恶性循环。以上这些都阻碍着我国校园足球的可持续发展。

三、文化素质培养的优化与改革

（一）健全校园足球后备人才文化素质教育保障制度

要改进我国校园足球后备人才的文化素质教育，首先就要对相应的教育制度进行改进和完善。只有从制度上先做到健全和完善，才可能全面改观目前我国在竞技后备人才培养方面的现状，从根本上改变我国运动员文化素质不高的整体面貌。健全制度、加强监管，建议有关部门严格跟进体育相关政策制度的制定和完善，落实实施与监管部门的工作职责，加快提高我国体育后备人才的文化素质教育的进程，从政策制度上提供有力的保障。

需要相关的上层建筑以及决策层尽快促进制度完善，我国校园足球发展才会真正走上正轨。颁布一系列法律政策，并顺应现代发展的趋势，强调运动员个人的全面发展，为运动员提供长效的文化素质教育和退役保障机制。这样才能鼓励更多的优秀的校园足球后备人才积极投身到校园足球事业中来。只有在制度上有完善的保障，有社会的强力支持，有可行的文化素质长效教育系统，我国的校园足球后备人才才不会有后顾之忧，才能够真正让自己的体育天赋得到发挥，为祖国的校园足球发展做出贡献。

（二）深化落实体教结合政策

国家出台的"体教结合"政策，是改进体育后备人才的文化素质教育的强有力举措。"体教结合"包括三个层次：

（1）体育行政部门和教育行政部门的机制结合。

（2）体育学校与普通学校的结合。

（3）运动员运动训练与文化课学习的结合。

它从政策层面为体育部门和教育部门的配合做出指导和规划。避免了两部门长期各行其是，因为相互之间天然存在着分工缝隙而妨碍对校园足球后备人才文化素质培养工作的实际操作，避免了在实施方面可能会遇到的困惑。两部门做好分工配合，以落实国家政策为原则，明确各自工作职责，并且努力给对方以有力的支持。

同时，加大运动员文化素质教育的各种资源投入，包括资金投入和高质量的师资，为"体教结合"政策的实施奠定扎实的基础。另外，也要严格把关各高校对体育特长生和高水平运动员设置的培养计划，坚决杜绝"挂名现象"与"小考场制度"。认真落实"体教结合"政策，需要所有参与的运动员、教练、教师以及高校机构的共同努力，我国的校园足球持续发展是长期目标，对校园足球后备人才的文化素质教育也非一日之功。

因此，需要长期地、不间断地、严格地、积极主动地深化和落实工作。随着"体教结合"政策的逐步落实，实施环节的逐步成熟，我国的校园足球后备人才的文化水平也将得到逐步提高，校园足球的发展也会慢慢显现更高的水平，这样的良性循环会反过来对运动员和教练、高校都产生更积极的促进作用。

（三）提高训练效率

随着校园足球不断地发展，以及科技、医学、心理学各学科对校园足球在各个方面的研究，体育训练从方式方法到技术手段都与以往大不相同。从最早单纯追求"量"转变为现在更注重"质"，在效率上得到极大的提高。因此，也从另一个方向缓解了"学训矛盾"。但是必须承认，和以往相比虽然有了大幅提高，但是仍然还有很大的提升空间。这就需要加强对教练队伍的培训，从提高科研水平到改进训练方法，需要努力推进更加科学、高效、高质量的训练方法，合理安排训练时间，提高训练效率，从"练得多"转变为"练得精"的训练理念。从而为运动员提供更多的时间和更充沛的精力用于提高文化素质。通过科学安排，可以从原来的"学训矛盾"改为"学训互补"，让学习和训练成为相互补充的理想状态。因此，提高训练效率是改进"学训矛盾"的根本，只有让训练更高效，才能让运动员从时间上和精力上得到一定的"解放"，才能使文化素质学习真正成为可能。

第二节　校园足球后备人才体能素质培养

体能训练是足球运动的根本，在校园足球后备人才的培养过程中，对体能素质的培养在整个人才培养的过程中占有重要的比重。同时体能也是发展

第四章　校园足球后备人才基础素质培养

专业技能的重要基础,因此,本节将对如何提升校园足球后备人才的体能素质展开分析。

一、体能素质培养的作用

(一)为运动训练和比赛提供体力保障

足球运动是一项高强度运动,对运动员身体素质的要求非常严格。数据显示,在一场水平比较高的足球比赛中,运动员需要在赛场上跑8000—14000米的距离,冲刺100—140次,双方之间进行争抢300多次,还要完成大量的技术动作。在校园足球后备人才的培养过程中,对青少年运动员进行专业的体能训练,是为了日后能够适应更加高强度的运动训练和比赛做好准备。

(二)为难度技术提供物质条件

足球运动技术非常复杂,对运动员的身体素质和体能都有较高的要求。因此,在校园足球训练阶段要重视对后备人才的体能素质训练,从而为了进一步掌握高难度的技术动作提供物质条件。只有经过专业体能训练,足球后备人才机体各器官的才能更加健康,才能为身体的高强度运动做好支持,使身体各器官、各机能能够协调配合,为后备人才学习高度技术提供了身体条件上的支持。

(三)锻炼后备人才的意志水平

体能训练是一个非常艰苦的过程,需要后备人才不断挑战自我,打破身体所能够承受的运动负荷,走出舒适区。运动训练的过程中,他们还难免会遇到情绪低落、身体受伤等问题,克服这些问题,继续坚持训练,此时就需要后备人才具有非常强大的意志水平。体能锻炼的过程也是锻炼意志力的过程,优秀的运动员们大都具备超高的意志水平。

（四）避免和减少运动损伤

后备人才在进行体能训练的同时，身体的协调能力、反应能力和灵敏度也随之加强。这些能力的增强，说明运动员更加懂得如何使用自己的身体能够保证自己身体的各个部位在训练和比赛中协调配合，快速反应，对于减少和避免运动损伤具有非常重要的帮助。

（五）延长运动寿命

后备人才的体能素质是保证其顺利进行日常训练以及参加运动比赛的最基本也是最重要的条件，体能的下降不仅会导致其比赛成绩下降，严重的情况下还将使其无法继续运动生涯。而通过严格的体能训练，足球后备人才不仅能提高身体素质和体能水平，还能延长其运动寿命。以著名的葡萄牙足球巨星C罗为例，正是因为其执行了严格的体能训练，保证自己的身体素质不会随着年龄的增加而下降，才能在38岁的情况下继续取得优秀的比赛成绩。

二、体能素质培养的原则

（一）身体训练要系统化

足球后备人才的体能训练具有系统化的特征。

首先，人体体能的提高是一个循序渐进的过程，只有完成每一个阶段的训练任务，使集体不断适应更高水平的运动负荷，身体的承受能力才会在不断的积累中变得更强，足球后备人才的体能水平才能提高。

其次，身体各项素质是相互联系、相互影响的，体能增强的过程是一个身体各项素质共同提高的过程。比如在足球比赛中想要提高速度素质，就要以反应能力的增强为基础；想要提升力量素质，就要以身体耐力素质的提升为基础。

因此，在制订运动训练计划的过程中，既要遵循体能增长的客观规律，设置由简单到困难、由少量到多量的训练任务，还要同时注意兼顾不同的身体素质的训练，通过各项身体素质的相互促进作用提升整体的体能水平。

（二）紧密结合运动专项

运动项目的体能训练除了要进行普遍的力量素质、速度素质、反应能力、协调能力等训练，还要根据每个运动专项具体的技能要求的不同进行相应的调整，结合运动专项的特点进行训练。比如在足球运动的体能训练中，就要对足球运动对人体机能、肌肉主要用力部位及其耐力水平的要求等进行分析，设置针对这些能力要求的训练计划。一般的身体训练和专项身体训练是一般和特殊的关系，一般的身体训练是体能训练的基础，专项身体训练在进行一般的身体训练的基础上将其细分，从中找出运动专项所侧重的部分，进行更加深度的练习。在制定体能训练计划的过程中，既要保证运动员能够进行全面的身体素质训练，又要有所突出，对运动专项侧重的能力加强训练。

（三）科学地控制运动负荷

通过改变对人体机体施加的运动负荷的量、度以及它们的组合方式，以达到刺激运动员的机体，提高足球后备人才的机体负荷承受能力的目的，是足球运动体能训练中的重要内容。训练中运动负荷量和负荷强度以及它们的组合方式、负荷中所含因素的变化，会使负荷的性质发生变化，产生不同的运动效果。因此，在运动训练过程中要对运动负荷进行严格把控，根据后备人才个人条件的不同，以及体能发展的客观规律，科学地安排运动负荷。

（四）重视恢复性训练

现代的训练恢复已成为教练员普遍关注的问题，而且把它制订在训练计划之中。从实际训练效果看，只有恢复得好，才能投入下一次强度课，而且连续接受一定强度的课，对机体的改造极为有利，并能保证在比赛中有充沛的体能。忽视课后恢复，势必会影响训练效果。一般常采用的恢复手段有淋浴、按摩、特定的营养剂补充等，以及通过转移训练环境，调节负荷强度，可达到课后加速身体恢复的目的。

三、体能素质培养的基本内容

体能是身体形态、机体机能和运动素质三个内容的总称。其中，身体形态指的是身体所表现出来的外部形状，比如身高、体重、四肢长度等；机体机能指的是身体的各个部位和各个器官之间表现出来的能力，比如身体关节的灵活性、身体肌肉的柔韧性等；运动素质是指身体表现出来的和运动有关的能力，比如身体的跳跃、跑步等能力。这三个方面的内容共同构成了整体的身体体能，三者之间是相互联系、相互影响的关系，其中一个因素的变化，也会导致另外两个因素的变化。

从体能训练的角度上看，人体的机体机能和运动素质是体能训练的主要内容，表4-1从这两个方面揭示了体能能力的四级层次要素关系。

表4-1 体能能力四级层次要素内容结构[1]

一级层次	二级层次	三级层次	四级层次
体能	机体机能	神经系统	灵活性 稳定性 高强性

---

[1] 杨卓.现代运动训练内容分析与创新方法研究[M].北京：中国商务出版社，2017：97.

续表

一级层次	二级层次	三级层次	四级层次
体能	机体机能	肌肉系统	速度性 协调性 精细性
		能量系统	无氧性 有氧性 混合性
	运动素质	力量素质	最大性 爆发性 持久性
		速度素质	反应性 速度性 持久性
		耐力素质	短时性 中时性 长时性
		灵敏素质	协调性 应变性 及时性

四、体能素质培育的方法

(一) 起动速度练习

1.特点

这种练习方法的特点是练习的强度非常大,但是练习持续的时间非常短,练习中间的休息时间充足。

2.练习方法

（1）2人一组，教练传球，2人起动跑去接教练手中传出来的球，接到球后开始球门防守或者进攻任务。

（2）每次练习的时间为1—2秒钟，跑动的距离大概为5—10米，每次练习之间的间歇时间为30秒钟；8—10次练习为1组，每完成1组练习之间的休息时间为4分钟，每次大概练习2—4组。

该练习的各种控制指标如表4-2所示。

表4-2　控制指标数据[①]

步骤	距离/米	重复次数	组数	间歇/秒	组间间歇/分
1	5	8	2	30	4
2	5	9	2	30	4
3	5	10	2	30	4
4	5	8	3	30	4
5	5	9	3	30	4
6	5	10	3	30	4
7	5	8	4	30	4
8	5	9	4	30	4
9	5	10	4	30	4
10	10	10	4	30	4

（二）起动和加速跑练习

1.特点

这种练习方法的特点是练习的强度非常大，练习持续的时间比较短，练

---

① 曲晓光.现代足球训练理念诠释与应用[M].广州：华南理工大学出版社，2009：68.

习中间的休息时间非常充足。

2.练习方法

（1）2人一组，教练传球，2人起动跑去接教练手中传出来的球，接到球后开始球门防守或者进攻任务。

（2）每次练习的时间为2—6秒钟，跑动的距离为15—40米，每次练习之间的休息时间为1分钟；4—6次练习为一组，每组练习之间的休息时间为4分钟，每次练习1—2组。

该练习的各种控制指标如表4-3所示。

表4-3 控制指标数据[①]

步骤	距离/米	重复次数	组数	间歇/分	组间间歇/分
1	15	4	1	1	4
2	15	5	1	1	4
3	15	6	1	1	4
4	15	4	2	1	4
5	15	5	2	1	4
6	15	6	2	1	4
7	20	6	2	1	4
8	25	6	2	1	4
9	30	6	2	1	4
10	35	6	2	1	4
11	40	6	2	1	4

---

① 曲晓光.现代足球训练理念诠释与应用[M].广州：华南理工大学出版社，2009：69.

（三）反复快速冲刺跑练习

1.特点

这种练习的特点是强度非常大，练习持续的时间比较短，练习之间的休息时间也比较短。

2.练习方法

（1）2人一组，教练传球，2人起动跑去接教练手中传出来的球，接到球后开始球门防守或者进攻任务。运动员分成两个组，循环进行两个方向的练习，两组同时相对进行练习。

（2）每次练习持续的时间为2—4秒钟，运动员跑动的距离为15—25米，每次练习之间的休息时间为10秒钟；6—10次练习为一组，每完成一组练习之间的休息时间为4分钟，每次进行2—4组练习。

该练习的各项控制指标数据如表4-4所示。

表4-4 控制指标数据[①]

步骤	距离/米	重复次数	组数	间歇/秒	组间间歇/分
1	15	6	2	10	4
2	15	7	2	10	4
3	15	8	2	10	4
4	15	9	2	10	4
5	15	10	2	10	4
6	15	7	3	10	4
7	15	8	3	10	4
8	15	9	3	10	4
9	15	10	3	10	4
10	15	8	4	10	4
11	15	9	4	10	4

---

① 曲晓光.现代足球训练理念诠释与应用[M].广州：华南理工大学出版社，2009：70.

第四章　校园足球后备人才基础素质培养

续表

步骤	距离/米	重复次数	组数	间歇/秒	组间间歇/分
12	15	10	4	10	4
13	20	10	4	10	4
14	25	10	4	10	4

（四）间歇练习

1.特点

练习的强度比较大，练习持续的时间比较长，练习中间休息的时间非常充足。

2.练习方法

（1）练习的人数为6人，分成2个小组，练习的场地面积为30米×35米，2个小组进行小场地比赛模式的练习。

（2）一次练习的时间为1—3分钟，中间休息的时间也为1—3分钟；6—10次练习为一组，每组练习之间的休息时间为4分钟，一般每次进行2组练习；注意练习时的心率强度大概为170—180次/分。

该练习方式的各项控制指标如表4-5所示。

表4-5　各项控制指标[①]

步骤	时间/分	重复次数	组数	间歇/秒	组间间歇/分
1	1	6	2	3	4
2	1	6	2	2.5	4
3	1	6	2	2	4
4	1	6	2	1.5	4
5	1	6	2	1	4

---

① 曲晓光.现代足球训练理念诠释与应用[M].广州：华南理工大学出版社，2009：71.

续表

步骤	时间/分	重复次数	组数	间歇/秒	组间间歇/分
6	1.5	6	2	1	4
7	2	6	2	1	4
8	2.5	6	2	1	4
9	3	6	2	1	4
10	3	7	2	1	4
11	3	8	2	1	4
12	3	9	2	1	4
13	3	10	2	1	4

第三节　校园足球后备人才心理素质培养

校园足球后备人才是未来足球运动员的潜在成员，一旦进入竞技领域，成为一名职业运动员，那么其职业发展决定了要对他们的心理素质提出非常高的要求。具有强大心理素质是运动员运动生涯稳健发展的内在前提，因此在校园足球教学中，就应该开始对此进行系统的培养和训练。

一、心理素质概述

（一）心理素质的概念

运动员的心理素质，就是"运动员与训练竞赛有关的个性心理特征，以及依据训练竞赛的需要把握和调整心理过程的能力，是运动员竞技能力的重要组成部分"[①]。

（二）心理素质与体能、技战术能力的关系

（1）在足球运动训练中，当一名运动员具有良好的心理素质时候，整个运动训练的效率都会提高，即良好的心理素质能够帮助提高运动员体能训练、技术和战术训练的效率。在足球比赛中，良好的心理素质能够帮助运动员保持旺盛的精力，降低运动员的体力消耗量，良好的心理素质还有助于运动员在赛场上保持平稳积极的心态，增加其超常发挥的可能性。

（2）运动员的心理素质和其体能、技战术能力是相辅相成的关系，三者缺一不可。其中，运动员的体能和技战术能力是运动员心理素质的载体，运动员的心理素质通过体能和技战术能力体现出来；同时，高水平的体能和技战术能力又反过来能够促进运动员形成良好的心理素质。只有三者协调发展、相互促进，才能真正提高运动员的运动技能。

在足球后备人才的培养过程中，要充分重视起对他们心理素质的培育，因为良好和强大的心理素质将决定他们体能、技术以及战术能力的发展。

二、心理素质训练的含义和目的

（一）心理素质训练的含义

心理素质训练就是指在运动训练的过程中，教练员采取一定的方法，有意识地对运动员的心理状态进行干预训练，引导运动员养成良好的心理素质，形成进行自我心理调节能力的过程。

[①] 肖涛，孔详宁，王晨宇.运动训练学[M].重庆：重庆大学出版社，2016：89.

（二）心理素质训练的目的

对运动员进行心理素质训练，就是要帮助运动员形成良好的心理调节能力，使其能够迅速地从消极的情绪状态中转移出来，不影响其运动训练的效率以及比赛时的正常发挥。

三、心理素质训练的内容和类型

（一）心理素质训练的内容

1. 基础心理素质训练

基础心理素质训练是指针对运动员从事某项专项运动所必需的一般心理素质展开的训练，比如对运动员进行的职业道德培养、道德品质教育、基础心理调节方式教学等。

2. 针对性的心理素质训练

针对性的心理素质训练主要就是针对不同的训练阶段开展的心理素质训练，比如在重要比赛之前对运动员进行赛前心理动员，在比赛结束之后对运动员进行心理调整，在运动员出现心理障碍的时候对运动员进行心理恢复训练等。在校园足球后备人才的培育过程中，会经常遇到挑战，这些挑战对其身心水平的发展都提出更高的要求。在训练过程中，教练应及时正确地展开引导，并使后备人才在一次次的挑战中不断提升自身的心理素质水平。

（二）心理素质训练的类型

1. 根据心理素质训练和比赛的关系进行分类

（1）日常心理素质训练

日常运动心理素质训练的目的是帮助后备人才发展自身的心理技能，引

第四章 校园足球后备人才基础素质培养

导他们改变阻碍提高自身运动技能的心理状态，如悲观、消极、不上进等。日常心理素质训练要根据运动员的身体基础条件和训练发展的阶段展开，比如针对处于基础训练阶段的少年选手，就应该以改善其心理和个性为主；在后期专项训练任务加重的情况下，就应该加大适应专项运动的心理素质训练。

（2）比赛时期的心理素质训练

比赛时期心理素质训练的目的是调节运动员在比赛时的情绪和心理状态，防止因为过度紧张等情绪影响运动员在比赛中的发挥水平。比赛时期的心理素质训练包括赛前心理准备、赛中心理控制和赛后心理恢复三个方面。

在比赛之前，运动员的体能、技术和战术能力都处于一种水平较高且比较稳定的状态，唯一会对运动员的发挥造成较大影响的就是运动员的心理状况，因此在比赛之前对运动员进行赛前心理素质训练是非常必要的。赛前心理准备的重点要集中在激发运动员的比赛动机，帮助运动员建立比赛信心等方面，使运动员做好参加比赛的心理准备。

在比赛的过程中，运动员的心理状况会受到比赛现场的环境、比赛当时的气候以及各种突发事件的影响，如果不及时进行心理调节，运动员可能会一时难以恢复到比赛状态，无法发挥出真正的体能、技术和战术能力等。因此在平时的训练过程中一定要重视培养运动员的赛场心理调节能力，可以采用模拟真实比赛、进行赛前预演等方式对运动员进行训练。

赛后的情绪调节同样是心理素质训练的重要内容。对于取得胜利的运动员，应该对他们在比赛中保持的有助于取得比赛胜利的积极情绪状态给予肯定，并且引导他们摆脱获胜之后产生的懈怠、自满等情绪。对于未赢得比赛胜利的运动员，应该加强心理疏导，帮助他们排解因为比赛失败而带来的消极情绪，引导他们回忆在比赛过程中所产生的积极的情绪体验，激发比赛动机，帮助他们重建积极的心理状态，使他们重新快速投入到训练中。

2.根据心理素质训练内容和专项需要的关系进行分类

（1）一般心理素质训练

一般心理素质训练发展的是作为一名运动员普遍需要的心理素质，

比如通过训练保持运动员的心理健康、使运动员保持一个稳定的精神状态等。

（2）专项心理素质训练

专项心理素质训练的是针对特定的运动专项运动员应该具备的心理素质。比如从事长跑、自行车等运动专项的运动员在心理方面更需要发展出强大的耐性；从事花样滑冰、健美操等带有表演性质的运动专项的运动员在心理上更需要发展出优秀的表现能力；从事足球、篮球等团体专项运动的运动员在心理上更需要发展出合作、顾全大局等心理。

四、足球后备人才心理素质培育的方法

（一）放松的练习方法

1.放松练习方法的概念

放松指的是通过一些语言对人进行暗示，使其将注意力集中到暗示语上，跟随暗示语的指示进行呼吸调节，放松全身肌肉，从而调节中枢神经系统兴奋性的一种心理调节方法。

2.放松的作用

（1）对运动员的中枢神经系统进行调节，使其放松，降低其兴奋程度。

（2）缓解运动员的紧张情绪，放松运动员的身心，加速运动员疲劳恢复的速度。

（3）为进行其他心理技能训练打下基础。

3.放松的特点

（1）注意高度集中于自我暗示语。

（2）需要清晰、逼真地想象带有色彩的形象。

（3）能够清晰知觉肌肉不同程度的紧张状态，从极度紧张到极度放松。

（4）进行深沉而缓慢的腹式呼吸。

第四章　校园足球后备人才基础素质培养

4.几种具体的放松方式

（1）自生放松练习

①准备姿势

自生放松练习的准备姿势可以分为在椅子上和在床上两种：

在椅子上，身体自然放松地坐在椅子上，双眼自然闭合，双臂垂放在自己的腿上或者椅子上，双腿以舒适的姿势放置。

在床上，身体自然放松地仰卧在床上，双臂放在身体两侧，双腿自然伸展，脚尖微微向外。

②准备动作

脸部肌肉放松，眉头舒展，轻轻闭上双眼，嘴唇微张，舌尖贴在上牙龈上，然后舒缓地进行深呼吸。认真感受呼吸带给身体的放松，吸气时身体腹部轻轻隆起，呼气时腹部轻轻恢复，呼气时要轻柔缓慢，用的时间大概是吸气时间的两倍，每一次呼吸的时间都比上一次的时间更长一些。

③六种放松练习

第一种是沉重感练习，即闭上双眼，利用语言暗示使自己身体里形成一种沉重感，暗示语言如下：

我右边的手臂正在变得沉重和没有知觉（重复6—8次）。

我右边的手臂越来越沉重了（重复6—8次）。

我右边的手臂沉重极了（重复6—8次）。

我觉得非常平静（1次）。

一遍暗示之后，睁开双眼，忘记这种沉重感，深呼吸，活动右臂。之后再次重复以上过程，每天可以进行2—3次练习。练习的过程中要能够想象这种沉重感，如果无法想象可以借助重物的帮助形成感觉。沉重感练习的一个周期为21天，完整流程如表4-6所示。

表4-6 一个周期的沉重感练习的完整流程[1]

练习内容	练习时间
右臂沉重感练习	3天
左臂沉重感练习	3天
双臂同时沉重感练习	3天
右腿沉重感练习	3天
左腿沉重感练习	3天
双腿同时沉重感练习	3天
四肢同时沉重感练习	3天

第二种是热感练习，是指通过语言暗示使自己形成能够让身体发热的能力，一般在开始热感练习之前需要先进行一些简单的沉重感练习作为热身动作，不过时间不用太长，45秒到1分钟即可。热感练习的暗示语言如下：

我右边的手臂正在发热和失去知觉（重复6—8次）。

我右边的手臂变得越来越热（重复6—8次）。

我右边的手臂变得热极了（重复6—8次）。

我觉得非常平静（1次）。

整个热感练习的流程也是21天，分别是右臂热感练习、左臂热感练习、双臂同时热感练习、右腿热感练习、左腿热感练习、双腿同时热感练习、四肢同时热感练习。

沉重感练习和热感练习都完成后，可以将两种练习结合起来，想象身体同时变得发热、沉重和麻痹，练习流程同上。

第三种是心脏练习，能够减缓心率，使心跳变得平稳。在进行心脏练习之前可以先简短地重复沉重感和热感练习作为热身运动，然后自然放松地躺下，从胸部、脖子、手腕等地方感受自己的心跳，同时重复以下暗示语：

我的胸口位置正在变得温暖而舒适（重复6—8次）。

我的心跳非常平稳（重复6—8次）。

我觉得非常平静（1次）。

---

[1] 张忠秋.优秀运动员心理训练实用指南[M].北京：人民体育出版社，2007：112.

第四章　校园足球后备人才基础素质培养

第四种是呼吸练习，进行呼吸练习的目的是调节呼吸节奏，使呼吸变得平稳，同样建议在练习开始之前进行一些热身准备，然后开始重复以下暗示语：

我的四肢正在变得沉重、燥热和麻痹（重复1—2次）。

我的四肢越来越沉重和燥热（重复1—2次）。

我的四肢变得沉重和燥热极了（重复1—2次）。

我的心跳平缓而稳定（重复1—2次）。

我的呼吸非常平稳（重复6—8次）。

我觉得非常平静（1次）。

第五种是胃部练习，指的是通过语言暗示，在胃部形成一种温暖舒适的感觉，其暗示语言如下：

我的胃部正在变得温暖而舒适（重复6—8次）。

我觉得非常平静（1次）。

做胃部练习时手要放在胃部所在的位置，用手感受胃部散发出来的温度。每天做7—10分钟，一天可以重复做2—3次，持续做两周的时间，当手能切实感觉到胃部散发出来的温暖之后，则说明真正掌握了胃部练习的技术。

第六种是额部练习，是指通过语言暗示，在额头部位形成一种清凉的感觉，其暗示语如下：

我觉得我的额头非常凉爽（重复6—8次）。

我觉得非常平静（1次）。

额部练习和胃部练习的时间一样，也是建议每天做7—10分钟，一天重复做2—3次。持续两周的时间，当自己的额头切实感觉到清凉时，则说明真正掌握了额部练习的技术。

值得一提的是，在以上六种练习方式都做完之后，身体会处于一种极度放松的休息状态，这个时候想要唤醒身体，使身体进入练习状态，就要对身体进行一个活化练习，其暗示语如下。

我的整个身体都在休息

我积蓄了力量……

放松的感觉从手……脚……躯干……颈部……面部……消失了。

睡意完全消失了……

我的大脑休息过了，很清醒！

我的自我感觉很好！

我很愿意进行所面临的工作！

活化练习的作用就是从极度放松的状态里唤醒身体，使身体处于一个兴奋而充满力量的状态，以便能够快速进入练习。

（2）静默放松练习

静默放松练习法的意思是指人们通过静坐、冥想、沉思等练习方式使练习者的身心得到放松。人们根据练习程序的不同，将静默放松练习方法分成了东方静默法、松弛反应和超觉静坐等方法。

①东方静默法

东方静默法指的是，练习者有意识地对自己的身体姿势、呼吸、意念进行调控，使得自己的身心达到一种放松、平静、自然的状态。中国的气功、印度的瑜伽、日本的坐禅等都包含着传统的东方文化，是东方静默法的代表。下面我们以中国气功中的"三线放松功"为代表，对东方静默法进行具体介绍。

"三线放松功"指的是，有意识地在心里默念"松"字，然后按照顺序对身体的各个部位进行放松，使得身体的各个部位松弛下来，达到一种身心舒展的状态。三线放松功的基本方法是：将身体分为两侧、前面和后面三条线，自上而下地依次进行放松。

第一条线（两侧）：从头部两侧→颈部两侧→肩部→上臂→肘关节→前臂→关节→两手→十个手指。

第二条线（前面）：从面部→颈部→胸部→腹部→两大腿→膝关节→两小腿→两脚→十个脚趾。

第三条线（后面）：从后脑部→后颈部口→背部→腰部→两大腿后面→两膝窝→两小腿→两脚底。

具体的练习方式是指，将精力集中在某一个部位，然后集全身之力对该部位进行放松，依次轮到下一个部位，再依次轮到下一条线。每一条线的放松结束的时候，要使自己的意念在这条线上的止息点上停留1—2分钟。三条线的止息点分别是中指、脚拇指、脚心。在完成一次全身的放松之后，要将意念停留在某处保持3—4分钟，然后再继续进行下一次循环，一般建议每次做2—3个循环。

②松弛反应

松弛反应是美国学者本森在分析了东方静默法的基础上总结出来的，他认为人们进行松弛反应练习需要具备以下几种条件：

一个安静的练习环境。

使得自己全身的肌肉充分放松。

一种必要的心理放松手段，比如重复地聆听一种声音或者一个词语等。

一个自然放松的姿态。

进行松弛反应的具体操作是，练习者在一个安静的环境中闭目静坐，放松自己全身的肌肉，进行平缓的深呼吸，并感受自己的呼吸。每次呼气的时候，练习者在自己的心中轻轻默念"壹"，反复重复，身体保持自然的姿势。一般建议每次进行松弛反应练习的时间为20分钟，一天可以进行1—2次练习。松弛反应练习是一种非常有效的放松练习，尤其对具有急躁、焦虑等性格特点的人群非常适用，能够使人获得心理的宁静和平和。

（二）注意力集中练习方法

1.注意力的分类

注意力可以从其指向和广度两个方面进行分类，其中从指向的角度还可以被分成内部注意和外部注意两种。内部注意指向行为人身体的内部，而外部注意则指向外部环境。下表（4-7）是注意力的具体分类。

表4-7 注意力的具体类型[①]

注意广度	注意指向	
	外部注意	内部注意
宽阔注意	用于快速进入某种情境（如比赛双方交换场地）	用于分析和计划（针对竞争对手制订比赛计划）
狭窄注意	用于关注操作以外的1—2个线索（如观察球的运动）	用于在头脑中演练即将进行的比赛或控制情绪状态（如在头脑中进行动作演练之前先进行深呼吸使自己放松）

2.使注意力集中的技巧

（1）模拟训练

模拟训练指的是在平时的训练过程中模拟真实的比赛环境，以增强运动员面对环境干扰的能力。众所周知，运动比赛的过程中，运动员的运动技能只是影响比赛成绩的一个重要方面，想要取得理想的成绩，运动员面对比赛过程中外部环境的应对能力也是非常重要的因素。有研究表明，对比赛环境适应能力比较强的运动员比较容易在比赛中超常发挥，而对比赛环境适应能力较差的运动员比较容易在比赛过程中失常发挥。分析比赛时外部环境的状况，并且将其加入到平时的运动训练中去。比如在训练过程中加入观众声音的录音，加入模拟的风、阳光等，使运动员在训练的过程中适应这些干扰因素，在比赛场上这些因素对运动员的影响就会降低。

（2）进行自我暗示

暗示其实就是一种跟自我进行谈话，并且说服、引导自己进行一定的活动的方式。在进行自我暗示的时候要注意两个方面，一是使用的暗示语要非常简明扼要，表达起来既简洁又能清晰表达意思；二是暗示语最好是由运动员本人制定，因为本人最能了解自己的身体，能够引起一种自动反应。进行自我暗示能够使运动员集中精神，快速进入理想状态。

[①] 张忠秋.优秀运动员心理训练实用指南[M].北京：人民体育出版社，2007：71.

第四章　校园足球后备人才基础素质培养

（3）训练视线控制

人们的注意力会受到视线的影响，如果视线不停地在不同的事物上，比如比赛场地上的观众、比赛对手的衣服、比赛器械等上面移动，运动员的注意力也会随着视线的移动而转移到不同的事物上，而不是集中到比赛上。如果在平时对运动员进行视线控制上的训练，运动员就能够在比赛中不受其他事物的干扰，将全部的注意力集中到比赛上。最有效的视线控制训练方法是将视线固定在与比赛相关的某个物体上，比如在比赛的空隙将视线控制在球拍上，就能够防止运动员不停地看向不同的事物而导致注意力涣散。

（4）建立操作程序

建立操作程序能够使运动员形成一种固定的思维习惯，运动员在进行比赛的时候会把注意力完全集中到应该怎样操作程序上去，而不会分散到其他的事项上。操作程序使操作不受意识的干扰，完全处于一种自动化的状态，操作程序中间的暂停部分还能为大脑提供一些简短的休息时间。建立起完整有效的操作程序能够在一定程度上减少运动员的焦虑心理，使他们将注意力集中到完成程序固定的动作上。操作程序需要具有个性化的特征，要根据运动员本身的特点进行制定。

3.注意力集中的练习方法

（1）影子练习

运动员紧盯自己的影子，持续大概2分钟的时间，然后转移视线到比较空旷的墙上或者天空中。这时能够发现墙上或者天空中出现了影子的虚像，将视线固定在影子的虚像上，持续一段时间。之后闭上眼睛，并且在脑海中重现影子。一般建议每次进行影子练习的时间为5分钟，每天可以做大约3次练习。

（2）实物练习

实物练习就是通过反复锻炼将注意力集中到实物上的能力，以提高注意力集中水平的练习方式。实物练习中的实物可以选择运动员从事的运动专项中需要使用的运动工具，以网球为例，运动员可以将网球作为注意力集中的对象，将视线固定到网球上，观察网球的形状、颜色等，以达到集中注意力的目的。

(3) 秒表练习

秒表练习也是一种非常著名的注意力练习方式，具体操作方法是：将视线固定在秒表上面，观察秒表指针的转动，在这个期间内视线不能向别的物体上移动。视线固定的时间可以从1分钟依次向上递增，当视线集中在秒表上的时间能够达到5分钟时，则说明运动员的注意力集中情况非常良好。经常进行秒表练习，对于提升运动员的注意力集中水平有非常重要的帮助。

(4) 纸板练习

剪黑白2块纸板，黑色纸板较大，边长大概为15厘米，白色纸板较小，边长大概为2厘米，将白色纸板粘贴在黑色纸板的中心位置。纸板挂在其中心与人眼能够齐平的位置，使室内保持明亮。

放松状态闭眼2分钟，同时在脑海中想象1块柔软的黑色幕布。睁开双眼，使视线集中在纸板的正中央，持续大概3分钟的时间，中途尽量不能眨眼。3分钟之后将视线移开到空旷的墙壁上，这时候可以发现墙壁上出现了黑色纸板的虚影，紧盯虚影直到其消失。

虚影消失之后闭上双眼，在脑海中想象所见的虚影，尽量使脑海中的虚影保持稳定。一次练习结束之后，可以按照以上顺序多次进行练习。每次持续练习15分钟的时间，每天进行1次练习，连续练习1周，就能够取得比较好的练习成绩。

（三）表象练习方法

1.影响表象练习的主要因素

表象练习是指在暗示语的指导之下，在头脑中反复想象某种运动动作或者运动情境，从而提高运动技能和情绪控制能力的方法。

影响表象练习能力的主要因素有以下几点：

（1）表象和感觉

运动表象主要包括空间的（视觉的）和运动感觉的（包括触觉和躯体感觉的）想象。当所有感觉形式都结合到表象中时表象最有效。由于个体感知觉存在差异，因此个体表象的能力也就不同。原则上来说，表象是建立在多

第四章　校园足球后备人才基础素质培养

种感觉上的，但个体都有自己所偏爱的感觉形式。

（2）清晰性与控制性

清晰性是指一个人对表象的认识的水平，控制性是指一个人对表象的内容的操控水平。运动员掌握认识表象和控制表象的能力十分重要，就清晰性来说，运动员在脑海中清晰地重现运动的动作和运动的技能，对于其加深对动作、技术的理解和记忆有重要的作用；就控制性来说，不对运动表象加以控制容易对运动员产生消极的影响，比如想象篮球越过篮板飞到观众席中的场景，这种暗示容易引导运动员在真实的比赛中出现这种差错。

（3）表象的转换能力

根据科学的研究发现，表象转化能力对运动员也有非常重要的影响。一般来说，水平更高的运动员的表象转换能力更强，他们能够同时交替使用内、外两种表象，运用表象锻炼运动技能和调控情绪的能力更强。

2.如何进行表象练习

（1）技术动作的积极操作

运动员从自己从事的运动专项中选择一个动作，并且想象自己正在进行这项动作，完美地落实每一个动作细节。下面我们以网球动作为例，进行表象练习展示：

以准备姿势站在球场上，注视对手的情况，然后寻找自己理想的落球点。想象自己以标准的姿势发球，球抛出完美的高度，球拍去接抛到空中的球的时候，需要向后摆动，当球拍摆动到头后面的位置时候，双肩打开，背部向后仰。然后身体的重心开始向前移，所有的注意力集中到球拍与球的接触点上，球拍将球稳当而有力地打出。感受手腕在将球打出那一刻的震动，以及球在打出去时的声音。

（2）积极操作记忆的再现

对自己曾经打出的某场优秀比赛进行细致的回忆，回忆的内容包括视觉、声音和情绪几个方面。

视觉回忆可以集中在进行比赛时候的姿态上。通常来说，大方自信的姿态更有助于运动员获得理想的比赛成绩。运动员通过回忆自己在获胜比赛上的姿态，建立起清晰的图像，能够加深对自信姿态的认识和记忆，给自己形成积极的暗示。

接下来进行声音上面的回忆。通常来说，选择倾听正面的声音更有利于运动员取得理想的比赛成绩。运动员尽量回忆自己在取得胜利的比赛场次中选择听到了哪些声音，自己又对这些声音产生了怎样的反应，以及自己在心中对自己说了哪些话等等。

情绪对比赛成绩的影响非常重要，积极的情绪能够帮助运动员获得更加理想的成绩。运动员在回忆的时候要关注自己当时处于什么样的情绪状态，积极情绪、焦虑情绪、畏惧情绪等各种情绪各占多少比例。对情绪状态的回忆便于运动员在以后的训练过程中形成积极的情绪习惯，使其养成能够在赛场上调控自己的情绪的能力。

3.表象练习在运动训练中的应用

（1）在困难的比赛中控制操作

运动员在比赛过程中遭遇困难是一件非常常见的事情，想要尽量减少这些窘迫时刻的出现，在训练的过程中进行周全的准备练习才是有效的办法。运动员可以通过表象训练，在脑海中模拟一个困难的比赛场景，加入干扰因素，比如动作出现失误、对手能力过强等，然后再在表象训练中采取措施解决这些困难，最终增强应对比赛出现的困难场景的能力。

在足球后备人才的培育中，也要加强对表象方法的练习，以促进他们适应高强度的训练和比赛，为日后的顺利发展做好准备。

（2）任务表象训练

表象训练并不是一项无意识的活动，而应该是根据自己的运动要求、运动兴趣和运动能力，制定一定的训练任务，然后再通过表象训练达成这项任务。一般可以选择自己最需要掌握的某个动作或者某项技术作为训练任务，在脑海中对这些动作和技能进行分解，加深对其的理解和认识。表象训练任务的完成，能够使实际运动训练的效果事半功倍。

（3）关键时刻从失误中恢复

运动员可以在脑海中想象一个自己经历过的比赛失败或者动作失误的场景，尽量重现当时的情景，然后将自己关注的重点放在视觉、声音和情绪这几个因素上面，尤其是要重新体验当时的情绪。一个人在比赛失败之后难免会有沮丧、挫败、愤怒等情绪，在表象中试着将这些情绪排解出去，这样做有助于锻炼运动员在比赛中的情绪调节能力。

第四节　校园足球后备人才智能培养

人才的培养是全方位的，对于校园足球后备人才而言，尽管学习和掌握足球技能是他们的主要任务，但是无论是运动水平的提升，还是文化知识的学习，都需要青少年具有较好的智能基础。本节将就如何对校园足球后备人才展开智能培养进行讨论。

一、运动智能的相关概念

智能是指人们认识客观事物的规律以及运用知识解决实际问题的能力。一个人的智能能力是由先天因素和客观因素共同造就的，先天因素包括遗传，后天因素包括教育、个人的努力等。

智能素质训练是指在运动训练的过程中，教练人员有意识地采取一系列方法对运动员进行智能上的训练，以求提高运动员的智能素质水平的训练过程。随着竞技运动的发展，现代体育运动对运动员的智能素质水平的要求也越来越高，智能训练成为足球运动训练中的重要内容。

二、运动智能的内涵

运动智能的内涵可以从以下几个方面进行解读：

（一）性质

从性质上进行解读，运动智能实际上是多种知识的结合，既包括运动员本身在运动的过程中形成的感性知识和理性知识，又包括运动员从现有的运动理论中获得的运动知识。这两种知识相互交融、相互转化，运动员在运动实践中获得的知识能够通过总结、提炼上升成为运动理论，而运动理论又能反过来被运用到运动实践中，指导运动员进行运动。

（二）来源

运动智能的来源有多个途径，运动员除了能够在自己的运动训练和比赛的过程中形成运动智能，教练员的指导、现有的相关运动书籍以及其他的知识学科都能为运动员提升自己的运动智能提供帮助。运动员在运动训练的过程中应该不拘泥于形式，应从多个途径进行学习以提高自己的智能素质水平。

（三）应用

只有被运动员运用到运动实践中，并且帮助提高了运动员的运动技能和竞赛成绩的知识才能真正成为运动智能。相应地，如果运动智能的运用方式不够科学合理，不能在运动实践中发挥其应有的作用，也说明该运动员形成的这种运动智能是没有价值的。只有真正指导了运动实践，才能体现运动智能的价值。

三、运动智能的特点

（一）主观性

运动员的智能素质是受运动员本人控制的，运动员的努力水平、知识偏好、个人兴趣等都会影响运动员智能素质的发展。

（二）时间性

运动员的运动智能在不同的时间段有不同的表现，具体可以分为先天性的运动智能和后天性的运动智能。

先天性的运动智能是指运动员与生俱来的，受到遗传因素的影响，表现为天赋的智能。这个阶段的表现为水平低、运动员之间的智能素质水平的差距较小等。先天性的运动智能是基础，也是运动员选材的重要考虑因素。

后天性的运动智能是指在运动员成长发展过程中形成的运动智能，受到运动员知识积累、实践经验和情感体验等因素的影响。运动员的后天性运动智能是其智能素质的主要构成部分，运动员在实践中运用的大部分运动智能都是后天形成的。这个阶段的运动智能素质具有水平高、不同运动员之间的差距大等特点。

（三）专项性

运动智能素质具有专项性，人们在具备了基本的运动智能之后就开始进行更加专业细致的划分，然后再继续发展具有专项性特征的运动智能。就不同的行业来说，运动员、演员、舞蹈、雕塑、机械操作等行业都是对运动智能要求比较高的行业，但是它们所要求的运动智能具有行业性的特点。不同行业的从业人员掌握的运动智能虽然具有基础的共通性，但是在更高层次上都是根据自己行业的要求继续发展的。就不同的运动专项来说，对运动员的运动智能要求也是不同的，比如不同运动专项之间需要不同的运动技术、不同的运动战术，具有不同的竞赛规则、不同的裁判方法等。

四、足球运动智能培养的内容与要求

（一）主要内容

1.运动理论知识训练

足球运动理论知识包括运动员们都要学习的基础运动理论知识，以及针对足球运动员设置的专项运动理论知识两个内容。

（1）基础运动理论知识一般是指一些学科知识，如运动心理学、运动医学、运动物理学、运动解剖学等。

（2）足球专项运动理论知识一般是为了让足球运动员形成对足球运动的全面了解以及提高足球运动员的整体能力设置的，包含足球比赛规则、足球比赛评分方法、足球运动技术分析、足球运动战术分析等。

2.智能因素培养

智能因素培养包括对运动活动实际操作能力和运动行为能力的培养。运动活动实际操作能力主要表现为学习和运用技战术的能力。运动行为能力包括培养运动员的观察力、记忆力、想象力、思考力、判断力等。

（二）要求

1.个性化要求

不同的运动员在先天条件以及智能发展水平上存在差异性，这就要求在对足球运动员进行运动智能训练时，要结合运动员的个人状况为每位运动员制订具有个性化特点的训练计划。

2.对运动员的自觉性要求

足球运动员是足球运动智能训练的主体，只有运动员拥有训练的自觉才能真正达到训练的目的。要让运动员认识到智能能力在足球比赛中的重要性，提高他们参加智能训练的自觉性。

3.长期性要求

足球运动智能训练和足球体能训练、足球心理素质训练相同，都需要经历一个漫长的训练过程，贯穿运动员的整个运动生涯。在制订运动训练计划时，要将智能训练纳入其中，并且根据运动训练的发展特点，制订相关的长期与短期训练规划。

4.反馈要求

在对足球运动员进行智能训练的过程中，要制定科学的运动智能评价体系，及时对运动效果进行反馈，为制订下一步的训练计划提供科学的依据。

五、足球运动智能培养的主要方法

（一）一般智能素质训练方法

对一般智能素质影响比较大的因素主要是观察力、记忆力和思维能力，下面对这三个智能因素的训练方法进行具体阐述。

1.观察力训练方法

观察是在感觉的基础上进行的有目的的意识活动，受到人的主观因素的影响，观察是人们获得运动知识、提升一般智能的重要途径。运动员在平时的运动训练、比赛中通过观察捕捉有价值的信息，从而提升运动智能。

在对足球后备人才的观察力进行培养时，最基本的方法就是在比赛、训练时经常布置观察任务、传授观察方法、培养观察习惯。初次布置观察任务时，列出准备计划，明确任务，指明观察重点、程序以及写观察报告等。后备人才掌握了观察方法之后，应及时布置观察任务，提出的观察要求也要不断有所提高。

2.记忆力训练方法

记忆是以识记、保持、再认和回忆的方式对经验的反映。记忆力训练是运动智能训练中的重要因素，具体训练方法如下：

（1）给后备人才布置具体的记忆任务，比如让他们在规定的时间内记忆某项新出的比赛规则、某个新学的比赛动作或者技巧等，锻炼运动员的速记能力。

（2）定期对后备人才之前记忆过的内容进行抽查，使他们养成定期回忆的习惯，帮助其形成长期记忆。

（3）根据科学理论向足球后备人才介绍记忆方法，帮助他们在结合自身情况的基础上形成科学、高效的记忆方法。

3.思维能力训练方法

思维就是运用思维工具对大脑所接收到的信息进行加工创造，最终形成对一件事物的高级认识的认知过程。思维训练的任务是掌握思维规律，学会使用思维工具，最终提高思维能力。而对足球后备人才进行思维能力训练，就是希望运动员能够对动作技术、比赛战术、赛场信息等内容形成更加深刻的认识和理解，从而全面提高运动智能。

在对足球后备人才进行思维训练的过程中，最重要的就是要进行思维速度的培养。足球运动是一项运动强度大、激烈程度高、速度快的竞技运动，运动员在快节奏的激烈运动中很容易思维跟不上，而一旦思维落后就容易丧失得分机会，影响整个比赛结果。可以在训练的过程中采用限时知识问答的形式，设置相关比赛场景，对后备人才进行技术、战术上的提问，要求他们及时作答，以提高其快速思维能力。

（二）运动智能能力的训练

1.提高足球后备人才的专业理论知识水平

足球运动专业理论知识的学习和其他文化知识的学习具有方法上的共通性，比如都可以通过教学人员讲解、学习者之间相互交流讨论、学习者自我理解和巩固等方式掌握所学的知识。需要注意的是，这些学习方式都要根据学习者的基础条件以及发展状况进行调整，选择与自己最匹配的学习方式才能达到事半功倍的学习效果。

足球运动专业理论知识的学习又具有其特殊性，这也是由运动本身的特

第四章　校园足球后备人才基础素质培养

性决定的，即必须要和运动实践本身紧密结合。运动理论知识是从运动实践中总结出来的，但是同时又是对运动经验的总结和提炼，因此又高于运动实践。运动员在平时的运动实践中，要注意进行训练记录，及时总结训练经验。同时，遇到无法理解的理论知识的时候，要带着这些疑问进行运动训练，争取在运动实践中明白其含义。

足球后备人才想要不断提高自己的专业理论知识水平，除了要不断提高自己从事的运动专项的理论知识，还要进行相关学科的理论知识的学习，如运动生理学、运动心理学、运动解剖学等学科的知识。

2.提高足球后备人才对专业理论知识的运用水平

足球运动理论知识只有被合理、科学地运用到足球运动实践中，才真正实现理论知识学习的意义。足球运动员在理论学习的过程中就应该明确理论知识的作用，并主动自觉地在自己的训练实践中予以应用，这样才能够达到提高理论水平的目的。足球运动员可以通过以下方法来提高自己对理论知识的应用水平：

（1）根据实践问题查找理论知识

足球后备人才可以根据足球运动实践的需要去查找相关的理论知识，对理论知识进行学习和理解，掌握理论知识后再将其应用到运动实践中去，从而能够锻炼自己运用理论知识解决运动实践问题的能力。

（2）根据理论知识查找相关运动实践

在进行一个新的理论知识的学习的时候，可以查找与该理论知识相匹配的运动实践，通过运动实践感受理论知识。这种方式一方面能够帮助运动员加深对理论知识的理解，一方面能够提高其将理论知识运用到运动实践中的水平。

第五章　校园足球实践教学与后备人才技能培养

实践教学是校园足球教学的最核心部分，是足球后备人才成长的关键。本章将从校园足球技术和战术教学、校园足球后备人才技战术能力训练与培养以及校园足球后备人才技能训练改革与创新三方面进行详细的阐述。

第一节　校园足球技术与战术教学

校园足球技术和战术的教学是足球教学中的核心部分，后备人才对足球技战术的掌握程度和能力水平，是决定他们职业发展的核心竞争力，是决定一个球员未来发展空间的重要因素。本节将对足球的技战术教学展开重点讲解。

一、校园足球后备人才的技术教学

（一）运球技术教学

1.脚内侧运球

运球前进时支撑脚位于球的侧前方，始终领先于球，肩部指向运球方向，支撑腿膝关节微屈，重心放在支撑腿上，另一侧腿提起屈膝，用脚内侧推球前进，然后运球脚着地。

2.脚背外侧运球

运球时身体保持正常跑动，步幅不宜过大，上体稍前倾，运球腿提起，髋关节前送，膝关节稍屈，提踵，脚尖绕矢状轴向内旋转，使脚背外侧正对运球方向，在运球脚落地前用脚背外侧推拨球的后中部。

（二）踢球技术教学

1.脚内侧踢定位球

以右脚踢球为例，先助跑，右脚脚尖正对目标方向，接近球后，右脚尖翘起，脚掌平行于地面，以右脚内侧踢球，双臂配合前后摆动（图5-1）。

图5-1　脚内侧踢定位球

2.脚背正面踢定位球

以右脚踢球为例,直线助跑,屈右膝,右腿后摆,接近球时,右小腿爆发式前摆,以脚背正面踢球后中部。然后身体继续前移,直至重心稳定,身体平衡(图5-2)。

图5-2 脚背正面踢定位球

3.脚背正面踢侧面半高球

以左脚踢球为例,身体侧对目标方向,身体右倾,左腿上抬并快速向前摆动,以左脚脚背正面踢球中部(图5-3)。

图5-3 脚背正面踢侧面半高球

(三)接球技术教学

1.脚背正面接球

以右脚接球为例,左脚支撑重心,右脚上抬接球,脚背触球后右腿收回

（图5-4）。

图5-4 脚背正面接球

2.脚内侧接球

以右脚脚内侧接地滚球为例，屈右膝，右脚稍抬离地面，触球后右脚着地，并稍向上提，使球向身体侧对方向缓缓滚进（图5-5）。

图5-5 脚内侧接球

3.大腿接球

面对来球，根据球的落点迅速移动到位，接球腿屈膝抬高，当球和大腿接触的瞬间大腿下撤将球接到需要的位置上（图5-6）。

图5-6 右大腿接球

（四）射门技术教学

1.直接射门

直接射迎面来的地滚球时，主动上前迎球踢球，支撑脚着地较球靠前，留取一定的提前量，可用脚背正面，脚背内、外侧和脚内侧踢球等方法射门。射门时身体稍前倾，摆腿时前摆幅度不要太大，击球的后中部，以保证射出的球的高度不超过球门横梁。

2.运球射门

运球至最后一步，推球力量稍大，距离稍远，以便助跑发力。由于运球射门时球是向前滚动的，所以支撑脚着地较球靠前，留出一定的提前量，运用脚背正面、脚背内外侧踢球的方式射门。

（五）守门员技术教学

1.准备姿势

两脚开立，两腿屈膝并稍内扣，脚跟稍提起，前脚掌支撑重心，上体稍前倾。两臂于体前屈肘，双手自然张开，掌心相对，目视来球（图5-7）。

第五章 校园足球实践教学与后备人才技能培养

图5-7 准备姿势

2.移动

守门员为了堵截对方的传球和射门，必须根据对方射门前球和人的位置变化而调整左右移动，移动方式主要是侧滑步、交叉步。

3.接球

以接平空球为例，身体正对来球，两脚开立，上体稍前倾，两臂下垂并屈肘前迎，手掌对球，手触球瞬间，两臂后引并屈肘，顺势抱球于胸前（图5-8）。

图5-8 接平空球

4.托球

预判来球运行轨迹，然后向后跃起，离球近的一侧手臂向后充分伸展，五指稍张，以前掌托球（图5-9）。

图5-9　托球

5.拳击球

在没有把握接住球的情况下，为了避免接球脱手，可以采用拳击球。准确预判来球运行轨迹，快速移动到位，手握拳，来球靠近后用拳击球（图5-10）。

图5-10　拳击球

二、校园足球后备人才的进攻战术教学

（一）个人进攻战术教学

1.传球

传球是足球比赛中运用最多的技战术手段之一。为了更好地达到预期的传球效果，要培养学生良好的传球意识，使学生学会隐蔽传球意图、把握传球时机，提高传球的准确性。

2.跑位

跑位是指无球队员在场上通过有意识的跑动来为自己或同伴创造进攻机会的行动。跑位时要突然起动，快速变向、变速，方法如下。

（1）套边跑

套边跑是从持球队员身后绕向外侧的跑动（图5-11）。

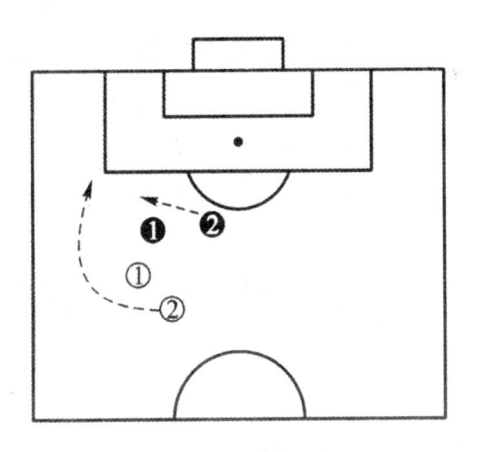

图5-11 套边跑

（2）身后跑

身后跑是一种插入到防守者身后的跑位，致使防守者很难观察进攻者的行动。黑圈①号防守队员看不到插入身后的进攻队员，此时黑圈②号防守队员必须死盯插入的进攻队员，从而失去了对黑圈①的保护（图5-12）。

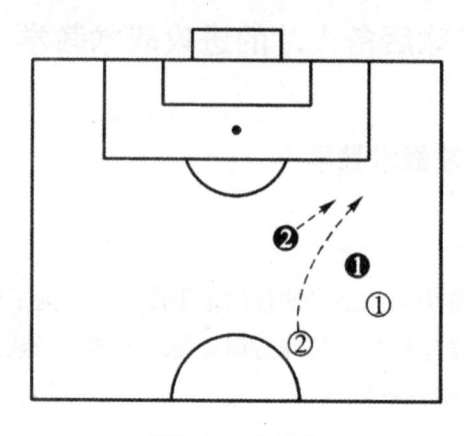

图5-12　身后跑

3.接应

接应持球队员的同时，要考虑与持球队员的距离、角度与呼应。

（1）距离

接应的距离与接应时的场区、对方的防守压力有密切关系。比赛场地条件也影响接应距离。把握好接应距离是做好接应的重要保证。

（2）角度

选择接应角度应遵循便于传球和接球的原则，接应队员应根据场上对手的位置而调整角度，一般是靠内侧与持球队员形成一定的角度。

（3）呼应

呼应就是接应队员与同伴之间保持联系的信号，这也是接应技巧的组成部分。

4.运球突破

运球突破是撕开对方的防线，创造以多打少局面的锐利武器，这也是创造传球机会和射门机会的有效手段。在运球突破时应注意以下几点。

（1）控制好球，护好球。

（2）把握好突破时机、距离和方向。

（3）运球逼近、调动、超越、摆脱对手等各个技术衔接紧凑。

（4）突破对手后，要及时射门或与同伴进行传球配合。

（5）机动灵活地运用运球突破战术。

（二）集体进攻战术教学

1.快攻战术

快攻战术是由守转攻时，趁对方来不及调整防守策略，通过简便快速的传递配合创造射门机会的战术。快攻战术具体有三种情况。

（1）守门员获球后，若对方三条线压得比较靠前，守门员可以迅速用脚踢给本方埋伏在对方后卫线附近的突击队员，或者用手抛给中场占据有利位置的同伴，创造快速突破的机会。

（2）在中前场截得对方脚下球并迅速发动进攻。

（3）获得任意球，快速罚球也能形成快攻机会。

2.阵地进攻战术

（1）中路渗透

①后场发动进攻

后场发动进攻的方法主要有守门员发动进攻（图5-13）和后卫发动进攻（图5-14）。

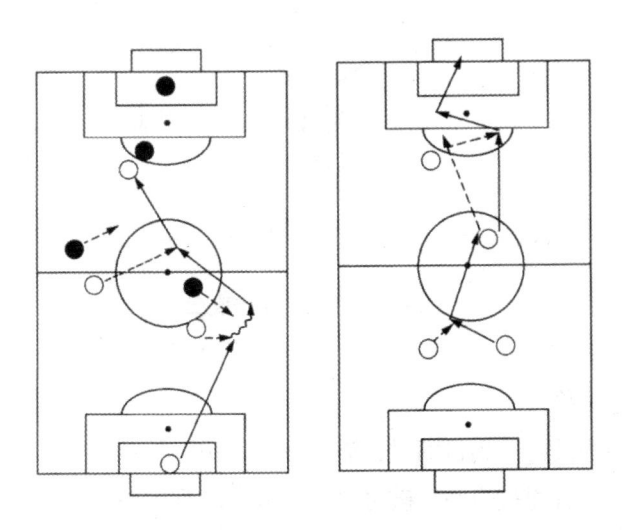

图5-13　守门员发动进攻　　图5-14　后卫发动进攻

②中场发动进攻

中场发动进攻是指中路渗透战术的配合主要由中场发动，前卫队员是核心角色。常常采用短传配合的方法实施中场发动进攻，并以各种二过一来摆脱防守。具体打法如图5-15、图5-16、图5-17所示。

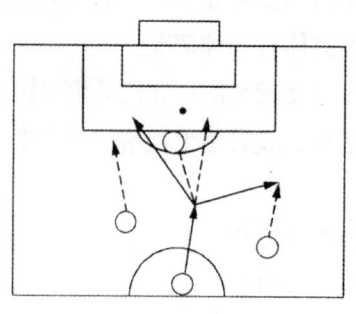

图5-15　中场发动进攻一　　图5-16　中场发动进攻二

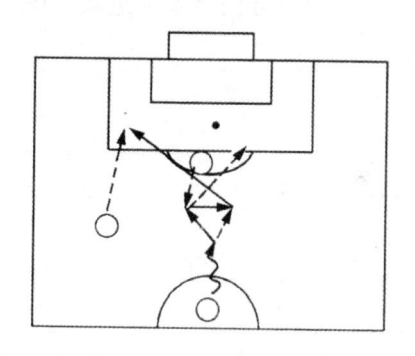

图5-17　中场发动进攻三

（2）中边转移

当中路渗透没有达到目的时，需要及时往边路转移，目的是分散中路守方的注意力，然后通过边路突破再将进攻方向转到中路。通过中边转移可以打乱对方的防守战线，利用空当创造破门得分的机会。

三、校园足球后备人才的防守战术教学

（一）个人防守战术教学

个人防守战术主要有以下几种形式。

1.选位与盯人

选位是指防守队员在防守时选择合理的防守位置。防守队员一般应站在对手与本方球门中心所构成的直线上。盯人是在选位后，观察所要防守的对手，严密控制其进攻行动。选位与盯人应注意以下几点。

（1）在进攻队员之前及时选位。

（2）所选位置应位于进攻队员、防守队员和本方球门中点三点所成的直线上，并保持适当距离。

（3）所选位置要与同伴组成纵横交错的三角或菱形网络队形。

（4）以多防少或以少防多时，要灵活选位。

2.抢球

抢球是指抢断或破坏对方控球。运用这种战术时，要保证集体防守的稳固性。抢球是一项重要个人技术，同时也代表了个人防守能力。抢球的基本要求是站位正确、距离合理、时机准确。

3.断球

断球是指从途中拦截对方的传球或破坏对方战术行动的行为。断球是转守为攻的一种最有效的战术行动。要设法快速反击，使对手来不及反抢。断球的要点是判断正确、位置合理。

（二）集体防守战术教学

1.人盯人防守

人盯人防守是指在比赛中每一名防守队员都盯住一个对手，并封锁对手的进攻线路，控制对手的活动和传球、控球的配合方法。这种战术的主要特

点是在全场攻守中两两对垒的情况，让进攻队员在每个时间和空间中都处于压力中。

2.区域盯人防守

区域盯人防守是防守方根据场上队员的位置分布，安排一名防守队员在一个区域进行防守，在对方队员跑到本区域时，积极展开防守，限制对手进攻的配合方法。使用这种防守战术时，要明确每位防守队员的职责，积极配合，若某一区域盯人防守失败时，邻近队员要及时补位，被突破的防守队员应及时与其换位，以实施整体有效的防守。

第二节 校园足球后备人才技战术能力训练与培养

足球技术丰富且复杂，在校园足球教学阶段，需要对后备人才打好基础，只有练好基本功才能对技战术有精妙的运用，才会在瞬息万变的比赛中发挥出高超的水平，获得比赛的胜利。对足球后备人才的培养过程中，需要大量的训练，只有经过严格、科学的训练，校园足球后备人才才能更健康成长，才有机会成长为一名优秀的足球运动员。

一、校园足球后备人才的技术训练与培养

（一）运球技术训练与培养

1.人球分过

（1）练习方法

在练习场地设置若干相互间隔5米的标志杆，学生持球站在第一根标志

杆前进行绕标志杆运球练习，运球到标志杆前时把球踢向标志杆左侧而自己从右侧跑过控球，或把球踢向标志杆右侧而自己从左侧跑过控球，总之人与球要各自从杆的两侧通过，如此运球经过所有标志杆，反复练习。

（2）练习要求

①教师先做正确的示范，使学生对动作结构有所明确。

②学生向标志杆一侧推球时要在距离标志杆2米左右处就开始推球，不能等到离标志杆太近的时候再推球，否则容易碰撞标志杆或不能顺利运球绕杆。而且向标志杆一侧推球时重心要向反方向倾斜，以调整重心，顺利从标志杆另一侧跑过，从而及时控球，继续运球。

③练习初期，可以适当拉大相邻标志杆的间距，或减少标志杆的数量，熟练这一练习后，标志杆之间的距离可缩短一些，标志杆的数量也可以多一些，增加练习难度。

④向标志杆一侧推球时不能太用力，要控制好力量和速度，这样才能保证人从标志杆另一侧跑过后可以及时控球。

⑤练习水平提高后，将标志杆用防守队员替代，进行对抗性练习，提高练习的强度和趣味性。

2.运球变速过人

（1）练习方法

一名学生持球运球，另一名学生抢截防守，运球方式以直线运球为主，当防守者在运球者侧面防守并伺机抢截时，运球者用脚内侧扣球停止运球；当防守者突然停下来时，运球者快速起动用脚内侧推球继续向目标方向运球前进。

（2）练习要求

①教师做正确而完整的示范，使学生对动作的结构与关键有所明确。

②运球过人的效果主要取决于扣球急停和起动推球跑的动作质量，要根据防守情况而控制急停时机和起动节奏。

③左右脚交替运球。

④隐藏变速节奏，不要被轻易识破。

（二）踢球技术训练与培养

1.各种踢球技术动作的模仿练习

设想地面有一目标（足球），跨步上前做踢球动作，然后过渡到几步慢速助跑的踢球模仿动作练习，最后可做快速助跑踢球的模仿动作训练。

2.踢定位球练习

可对着足球墙、足球网练习，也可采用各种形式的对练，练习距离由近至远，练习重点放在动作协调性和准确性上。

（三）接球技术训练与培养

1.跑动中迎球接球

（1）练习方法

3人一组，两组练习者相距12米面向而立，A组排头练习者持球向B组排头练习者传球，传球后跑回A组队尾。B组排头练习者向来球方向迎球接球并向A组第二名练习者回传，同时跑回B组队尾。后面的练习者按同样的方法依次练习。

（2）练习要求

①接球的练习者要先做突然起动、跑等摆脱动作，然后接球回传，要对练习者的摆脱意识予以培养。

②找准踢球点，准确完成传地滚球。

③熟练球性后跑动传接球速度逐渐增加。

④跑动、接球、回传等动作一气呵成，协调连贯。

2.接应对抗传接

该练习能够提高学生的接应能力和摆脱防守的意识。

（1）练习方法

将练习者分成两队，每队各3人，两名目标球员分别站在练习区域两端，两队练习者在规定区域来回对抗传接球，目的是成功向目标球员传球。

第五章　校园足球实践教学与后备人才技能培养

（2）练习要求

①两队练习者接目标队员传来的球时，要快速跑动，灵活摆脱防守，方法有急停、急转等。

②练习者接球后尽可能伺机转身向另一名目标球员传球，既可以通过个人突破来完成，也可以通过与同伴的配合来成功传球。

③注意观察，相互配合，准确传球。

④目标球员每接到一次球后向对抗区域传球或运球，与对应的练习者调换位置，继续练习。

⑤合理对抗，注意安全。

（四）射门技术训练与培养

1.横向跑动争抢球射门

（1）练习方法

3名练习者组成一组，两组练习者间隔10米左右的距离在罚球弧两端做好抢球准备，教师向罚球弧中间传球，两端的两组练习者及时跑到中间抢球，抢到球的一组伺机射门，另一组抢截防守。

（2）练习要求

①教师用适度的力传球，尽可能将球传向罚球弧中间，使两侧的两组练习者抢球机会均等。

②抢到球的一组练习者把握好机会，伺机射门，不能因为抢到球而过于兴奋忽视了射门的任务，而且即使抢到了球也随时可能被抢断球。

③没抢到球的一组练习者在规则允许的范围内抢截防守；阻拦对方射门。

④抢球后射门很关键，攻守双方都要打好配合战。

2.一对一抢点射门

（1）练习方法

练习场地为20米×20米的平坦场地，场地上有标准移动球门，3名练习者为一组，两组练习者一起练习，如A组和B组各有3名练习者，两组各派两名练习者站在训练场地的四个角处并各持一球，剩余两名练习者在场地中间

· 137 ·

担任进攻者和防守者。开始练习时，A组持球者传球给场地上的同伴，同伴接球后伺机射门，此时B组站在场地中间的队员作为防守者积极防守，直至A组队员顺利射门或B组队员成功抢截球后结束该练习。然后B组持球者向场地中间的队友传球，按同样的方法练习。场地中间的练习者和站在角上的练习者互换位置练习。

（2）练习要求

①进攻者射门后立即转变角色，成为防守者而拼抢对方的球。

②防守者拼抢球要积极，进攻者要抓住机会摆脱防守，成功射门。

③练习者在规则允许范围内可以用身体多个部位抢点射门。

④逐渐增加对抗难度，如在更大的场地上练习。

3.两次摆脱跑位争抢球射门

（1）练习方法

在罚球区及中圈之间并排放两根间隔15米的木杆，两组练习者在木杆后的站位均与木杆间隔10米。教师发出口令，两组排头练习者立即起动向两侧木杆跑进，直至平行于木杆时，教师传球，两名练习者急停转身抢球并射门，没抢到球的练习者积极防守。

（2）练习要求

①练习者注意力高度集中，听口令后快速起动，并准确把握来球方向，做好急停转身抢球的准备。

②双方要在规则允许的情况下积极争抢球，成功抢球后将球保护好，伺机射门。

③安排一名守门员，增加射门难度。

④教师用适度的力传球，保证练习者抢球机会均等。

（五）守门员技术训练与培养

1.快速移动中扑接球练习

（1）练习方法

场地中设若干障碍物，守门员与教师各站于一侧，教师持球。练习时，

第五章　校园足球实践教学与后备人才技能培养

守门员快速跳跃及躲闪障碍物后立即扑接教师射来的球。

（2）练习要求

①守门员听口令后开始起动。

②守门员以最快速度通过障碍物，马上做出扑球的准备动作。

③守门员紧盯教师踢出的球，果断倒地扑接球。

④守门员扑接球动作要准确。

2.扩大防守区域练习

（1）练习方法

教师持球从不同角度向罚球区传球，守门员在球门前做好准备，目视来球并迅速出击，在罚球区内直接将球踢向预定地点。

（2）练习要求

①守门员不能用手碰球。

②教师传球要富于变化，将高低不同的传球和快慢不同的传球结合起来。

③守门员目视来球方向迅速出击。

④守门员适当调整自己的姿势，准确朝预定地点踢球。

⑤守门员采用不同的脚法踢球，要根据对来球的判断选择适宜的脚法。

3.正确选位及扑接各种来球的练习

（1）练习方法

站在罚球点球处的教练员持球准备射门，守门员在球门前站好做好扑接准备。教师采用不同的方式以不同角度射门，守门员根据来球情况选择扑接方式。例如，教师向左射地滚球，守门员向左侧倒地扑接地滚球；教师向右射半高球，守门员向右鱼跃扑接半高球。每完成一次扑接球，守门员都要再次调整站位，为下一次扑接球做准备。

（2）练习要求

①守门员站位合理，这是扑接球的基础。

②以准确、规范的技术方式完成扑接球。

③提高扑接球的质量。

二、校园足球后备人才的战术训练与培养

校园足球后备人才的战术训练主要集中在对抗能力的训练上，另外还以比赛训练法为例，让足球后备人才在模仿真实比赛的情况下，进行战术的演练。因为和技术训练不同，战术训练需要在对抗或者比赛的情境中才能真正进行训练，这也可以间接地体现出情境对足球训练的重要性。

（一）对抗能力的训练与培养

1.接应练习

（1）练习方法

分组练习，每组4人，3攻1守，3名进攻者在边长8米的三角形场地上站成一个三角形，防守者站在三角形内积极抢截球，进攻者想方设法在最合适的位置完成接应。如果进攻者在传接球时出现失误，则与防守者互换角色，然后继续进行接应练习。

（2）练习要求

①练习场地范围固定，不可随意扩大。

②刚开始可进行4攻1守或5攻1守的练习，不限制触球次数。

③对于初学者，可提出两次触球的要求，熟练后将两次触球改为一次触球。练习时既要关注球，又要躲避防守。

④进攻者应有接球转身的习惯，加上同伴的接应，这样持球者的传球点就会有两个。

2.局部攻防配合

（1）练习方法

练习区域为两个罚球区中间的场地，分两组进行对抗练习，每组8人，场地两端设小球门（高5米，宽2米），每个球门处有1名守门员。练习时，两组各派4人上场，其他人在本方罚球区内练习颠控球，场上的队员失球后，该组其余队员上场替换。

（2）练习要求

①教师要鼓励练习者进行具有创造性的进攻，让练习者认识到在进攻过程中"变"的重要性。

②防守方要加强紧逼防守，做一些比较凶狠的防守，体验足球运动激烈的对抗性。但注意要合理对抗，不能违背规则，不能将足球场作为发泄情绪的地方，要控制好情绪。

③在4攻4守练习中创造2对1的机会，把握机会达到攻守目的。

④培养练习者呼应的意识，把握好呼应的时机。

⑤要求练习者遵守越位犯规的规则。

⑥根据练习者数量调整练习场地范围，如进行5对5练习、6对6练习、8对8练习等。场地人数增加时，可以在场地中路或边路练习。

⑦随着练习者足球水平的提升，要对其传球次数加以限制，如要求练习者一次传球成功或最多两次就要将球传出。

（二）比赛训练法

采用比赛训练法主要是为了促进球队整体攻守能力和配合能力的提升，提高比赛能力、随机应变能力和适应能力。一般要求按正式比赛的方法来开展练习，从而对学生的日常学习和训练效果进行检验，并通过学生在比赛中的表现来发现其问题，及时指出问题，让学生在日后的训练中强化不足之处。

比赛训练中，要以整体战术配合为中心来设计主要练习内容，对科学的战术指导思想要严格贯彻，局部战术配合练习中要重点培养学生的灵活应变能力和解决突发问题的能力，从而总体提升学生的比赛能力，为以后参赛打好基础。

下面具体介绍几种比赛训练的练习方法。

1.练习一

（1）练习方法

在专门的足球场地组织比赛，将练习者分成两队，教师担任裁判员。比赛时间半小时或45分钟，分两节或三节完成，重点对协同配合能力进行培养，引导两队进行有组织的攻与守。

（2）练习要求

①对整体配合予以强调，对练习者的集体主义精神进行培养。

②两队的每一位练习者都要对自己的角色、职责有所明确，对核心队员的作用要作重点强调，对前卫的助攻、回防及控制比赛节奏的能力进行培养。

③进攻或防守队形要尽可能接近正式比赛。

④鼓励练习者灵活应变，对自己掌握的技战术大胆运用，提升全体队员的自信。

2. 练习二

（1）练习方法

练习方法同上，重点强调要将比赛节奏控制好。

（2）练习要求

①进攻要有组织性、目的性，不能盲目进攻，在来回传球中寻找合适的进攻点，进攻点要有威胁性，两队要努力争取控球权。

②进攻点要经常变化，找到合适的、能够给对方造成威胁的进攻点后就要加快完成进攻。

③要求全体动起来，在移动中进攻与防守，将队形保持好。

3. 练习三

（1）练习方法

练习方法同上，重点培养练习者创造与把握进攻机会的能力以及由守转攻的能力。

（2）练习要求

①明确比赛任务与要求。

②控球队员先观察，再传球。

③守方不能一味被动，要积极拼抢，争取球权。

第三节　校园足球后备人才技能训练改革与创新

校园足球后备人才是我国竞技足球发展的基础，只有培养出大量的优秀足球后备人才，我国的竞技足球才有望获得突破性发展，才能让我国的竞技体育大国身份得以稳固。但是要想改变目前竞技足球尤其是男足长期不振的尴尬局面，必须从后备人才的培育抓起，大胆改革对足球后备人才的技能训练系统和方法，这样才能有望获得质的飞跃。

一、校园足球后备人才技能训练改革

对校园足球后备人才的技能训练改革，不仅仅是从技能训练方法入手，还要站在更高的位置，强调以人为本的教育理念，对青少年群体的认知特征和年龄特点进行研究，再加以科学利用，从而对足球技能训练进行改革和创新。

（一）感知能力

校园足球后备人才在日常的训练中，会面临无数次的技能选择问题。在每一次与对手抢球、带球过人或者判断队友情况与对手意图之后，都要根据判断做出决策，并配合相应的技术完成目标。因此，在训练足球后备人才的技能水平时，不能与感知能力相割裂，相反，为了使其更加娴熟和正确地发挥技术水平，需要格外重视对其感知能力的训练，这也是校园足球后备人才技能训练的一个改革方向。例如，校园足球后备人才在进攻时准备接队友传球前就要判断传球方向和力量；在防守时则要提前感知对手的传球意图及可能传球的方向等；另外，校园足球后备人才还需要对自己与球的位置关系、球的运动轨迹、队友和对手跑位等情境特征具有充分的感知能力。

（二）决策能力

一个人的决策能力与其观察能力、判断能力、思维能力有着密切关系，就足球后备人才而言，他们超强的决策能力也与他们扎实的基本功、娴熟的技能以及与队友的默契程度和对对手的了解程度等有着密切关系。在足球后备人才感知比赛情境后，需要做出准确的思维决策，及时、准确、针对性、有效性、预见性是判断决策质量的重要标准。这些足球后备人才需要在最佳时机采取最合适的动作，进而达到预期目标，这些在日常的训练过程中就要重视起来。例如，当防守方在对方后场断球时，此时双方攻防转换，对方正处于防守最薄弱状态，校园足球后备人才应该快速寻找时机攻击对方球门。如果校园足球后备人才不能做出正确决策，则会导致最佳时机快速消失。

（三）应答能力

应答能力主要是指足球后备球员根据赛场情况做出正确技能选择的能力，这也是判断足球后备人才"球商"的重要因素。应答能力是反映青少年球员在场上表现的综合素质，也是对自身技能快速调用能力的体现。总之，只有全面掌握各项足球技能并熟练运用，才能有优秀的应答能力。我们的校园足球青少年球员在不同比赛情境下需要综合运用接球、运球、踢球、顶球等技术动作，才能在场上有过人的应答能力展现，这也是今后对其进行技能训练的另一改革方向。另外，青少年后备球员需要具备极强的创造力，根据比赛情境创造性地运用足球技术，如在门前抢点时创造性地运用胸部撞球，较少被训练或使用的技术往往会达到出乎意料的效果。

（四）反馈能力

反馈能力是一种综合能力的体现，是能够及时调整和纠错的重要能力，校园足球后备人才在训练和比赛中要根据自身情况做出调整和反馈。反馈能力可以分为外在反馈和内在反馈两个方面，外在反馈指青少年球员借助感官系统对完成的足球技能是否达到预期目标做出判断和反馈；内在反馈则主要依靠校园足球后备人才的思维对技能行为做出反思和调整。反馈能力有助于校园足球后备人才准确判断开放式足球技能是否有效，进而在类似足球情境下做出更正确的选择并运用有效的技能，不断地反馈优化可以实现其综合能力的持续提升。

二、校园足球后备人才技能训练的创新

对校园足球后备人才开展创新性的技能训练，需要突破原有的训练模式，打开脑洞，跳出技能训练的惯性思维，寻找影响和促进青少年球员技能发挥的其他关键因素，并进行深入研究，以发展出新的技能训练方法。

（一）转变训练模式

1.传统训练模式的制约

传统的校园足球后备人才训练的范式以发展球员的"技能"为核心，因此，训练目标和训练手段都是仅仅盯住青少年球员的技能而进行的。实际上，这些足球后备人才在学习和运用足球技能时，除了其对技能的正确和熟练掌握因素之外，还受到许多其他因素的影响。如果教练员能敏锐地抓住这些因素进行科学引导，往往会收到事半功倍的效果。比如，现有的"技能"训练范式的核心是教练员，教练员给出训练的具体指令，而校园足球后备人才则被动地遵照教练员的指令进行训练，很少需要独立思考，也没有给他们参与讨论和发表见解的机会，因此，久而久之，这些青少年球员便会失去训练的主动性，对技能的掌握也趋于被动重复，鲜少有自主发挥的空间。为了改变这一僵化的训练模式，要求教练员主动改变训练模式，从而让足球后备人才具有更多的自主性，并积极思考、主动寻找技能突破的解决方案。

2.开启启发性训练

与单纯的模仿与重复式训练相比，现代研究者与足球教练员发现，启发性训练模式能够促使校园足球后备人才主动探究自身问题并主动破解，教练

员可以适当给予校园足球后备人才更多的"球商"发展空间，鼓励其主动尝试解决不同比赛情境中的问题，更加准确地运用自己掌握的足球技能。训练模式的转变能够让校园足球后备人才更加灵活、机动且适应不同环境，而不是简单机械地模仿。教练员在全新训练模式下需要承担更多责任并主动转变角色，从知识技能灌输向"球商"引导激发转化，彻底打破教练员的权威。

（二）转变训练情境

实际上，"技能"的发挥与情境有着重要的关系。认识到这一点将对创新我国校园足球后备人才的技能训练起到重要的推动作用。由于以往过于在意青少年球员对技能的精准掌握，因此，球员的大量的训练时间被用于封闭情境训练上，即割裂地训练"技能"。然而，"技能"具有其内在生命力，这体现在情境对球员技能发挥的影响。越来越多的教练发现了这一问题的存在，并积极发展开放式情境训练。尤其是那些多元技能组合的训练，更多地放在各种灵活的比赛情境中进行训练。

开放训练情境的引入，使校园足球训练能够为后备人才提供更多自我认知与挖掘问题的机会。为了有效提升校园足球后备人才的"球商"，需要在训练过程中构建多样化情境，使其能同时实现多元技能的提升。例如，头球与运球过人两种技能之间具有较大差异，但开放情境下校园足球后备人才可以同时完成两项技能训练，并将二者有效结合起来。

当校园足球后备人才度过足球启蒙期后，开放训练情境的优势更加凸显，这也对足球教练员提出了更高要求。教练员在开放情境中既要引导校园足球后备人才提升足球技能，又要帮助其提高"球商"。为了实现这个目标，教练员要准确判断运动员的真实水平，适时插入更多变量以提升情境复杂度，情境变量的引入要略微领先于运动员"技能"与"球商"的发展水平。

（三）转变反馈方式

在训练中采取怎样的反馈方式也是影响足球后备人才训练的重要因素之一。在传统的"技能"训练中，往往是教练负责反馈训练的效果和质量。于是在不知不觉中将训练与反馈分割为两个部分，由不同的人承担相应的责任。实际上，随着现代竞技体育研究的不断深入，人们发现训练与反馈是一组不可分割的整体，运动员只有在非常清楚自己的训练过程和训练结果的时候，其训练才更为有效，才是一次完整的训练。

在这样的背景下，校园足球后备人才的训练应及时转变训练的反馈方式，让教练将反馈的工作交由青少年运动员自己完成，但是教练可以负责指导，对反馈信息进行补充、总结和提炼。

总之，教练应起到训练指导的作用，然后让青少年球员重新站在训练主体的位置上。这是进行校园足球后备人才技能训练的重要创新方式。

从另一角度来看，如果教练忽视了对校园足球后备人才反馈能力的培养，那么长此以往会导致足球后备人才的能力"先天"欠缺，比如当教练不能在场上指导球员踢球的时候，球员就无法做出正确反应，于是球员就像一个踢球的工具一样，失去了思考的能力。

有研究显示，高水平运动员需要教练提供精准而深入的反馈信息，随着校园足球后备人才训练水平和训练难度的提升，教练员要将简单的指令反馈转化为启发反馈，使球员能具备主动解决问题的能力，避免其消极被动地接受教练员的简单指令。

三、校园足球后备人才技能训练方法改革示例

校园足球后备人才的技能训练应该是灵活的、多样的。由于校园足球后备人才年龄尚小，技能水平还在发展阶段，因此在训练形式上可以依据场地条件以及后备球员的身体素质条件，采取小场地的训练方法。

（一）小场地训练方法的优势

1.降低对后备人才体能的要求

校园足球后备人才的训练对象是一些具有足球天赋的青少年，由于年龄的关系，他们的身体机能在很多方面还没有发育完全，如果强行按照成年运

动员的标准进行训练，不仅不会提升他们的运动水平，反而还可能对他们的身体造成伤害，影响他们正常的身体发育和技能发展。

因此，在小场地进行训练在一定程度上减少了青少年运动员在球场上无效跑动的时间，使运动员可以将更多的时间和精力用于对足球技能的训练上。

2.避免因室内场地有限而影响训练

尽管我们国家近些年来对学校体育场馆和设施投入了大量资金，但是我国是一个人口大国，这些教学资源均摊在个人身上还是非常有限的。虽然现在许多学校都有室内足球场馆，但是基本上都设在大学阶段，而发展校园足球的基地——中小学则几乎没有完整的足球场馆。但是随着小场地训练方法的推行，极大地解决了这一问题。如今全国大部分的中小学都可以灵活地进行足球训练，这对培养足球后备人才而言是向前推进了一大步。

另外，对于教学指导教学而言，小场地也利于教练和球员的及时交流和沟通，有助于提升训练的效果。

（二）小场地训练的主要内容

小场地训练并不会因为场地的缩小而缩减训练内容，实际上，在小场地进行校园足球训练反而能安排更丰富的训练内容，使校园足球后备人才的训练因有效避开场地的影响而使训练更加完整，更加有效。

1.体能

运动员在进行肌肉力量训练时，可以利用体操垫来进行。如发展核心力量可以进行平板支撑、仰卧起坐、仰卧举腿、俯卧屈膝、仰卧蹬车等动作；发展上下肢力量，可以进行俯卧撑、跪卧撑、深蹲、弓步马步等。进行力量练习也可以由静态动作和动态动作相结合进行。

另外，柔韧性也是足球运动所需的，所以，在小场地训练时，柔韧性训练应占有一定的分量。体操垫是不错的器材选择，可进行多个关节、肌肉、韧带的拉伸。

根据足球项目的特点以及青少年后备球员身体生长发育的规律，相对于

第五章　校园足球实践教学与后备人才技能培养

发展他们的力量素质而言，足球后备人才的体能训练更注重发展他们的脚步移动的灵活性，这可以充分利用器材进行步伐移动、反应能力训练和敏捷协调性的训练来实现。

器材的选取和摆放既要根据场地的具体情况又要结合运动员人数（考虑到练习密度、训练时间与间歇时间的搭配等）。在进行内容设计和安排时，还要遵循循序渐进、全面发展、有效性等原则。

总之，在安排练习时，要本着由易到难、由局部到整体的指导思想。不过足球运动中移动又具有快速、变向、持久甚至对抗等特性。鉴于此，足球步伐的训练要在基本步伐的基础上增加难度，以接近实战情况。

2.技能

考虑到场地有限，为避免相互干扰，在进行技能练习时，建议以多人组合练习为主。进行有球练习时以球性练习为基础，如原地拨球、踩球、推拉球等。也可以根据情况安排"运球找朋友"等控球游戏。

另外，为发展学生战术意识，也可以通过足球或者标志桶等练习原地的假动作等技术动作，可利用标志桶进行原地踩单车练习：外跨外拨、内跨外拨等动作。

3.规则意识的培养

尽管训练场地缩小了，但是对后备球员的规则意识训练反而是一种加强，因为在小场地进行练习时，队员之间的距离更近，彼此间的配合与对抗的概率也更大，因此可以很好地训练后备球员的规则意识和能力。

相比于标准的足球场地，小场地训练在球员的感官体验上也具有优势。因为校园足球后备人才年龄较小，身材也相对幼小，如果一开始就在标准足球场上进行训练的话，会让他们感到自身是如此的渺小，那么这种感觉在训练时会无形中影响他们的技能发挥，难以激发出球员的强大的自我效能和潜力，为训练带来无形的障碍。因此，小场地训练对提高青少年球员的自信心和发展技能具有多方面的优势。

4.战术训练

小场地训练能够让足球后备球员之间的配合与对抗更加明显，这非常有利于进行战术训练。而且，教练可以根据小场地的情况设计比赛，让后备球员在比赛情境中充分且真切地体会足球比赛的激烈程度以及球员在配合与进攻中所获得的真实体验，从而使他们更加有针对性地开展训练。

（三）小场地训练的注意事项

1.科学设计、充分利用

进行小场地的训练首先需要教练对场地非常熟悉，并且具有丰富的训练经验，对后备球员的身体素质和技能水平也十分了解。在这样的前提下，就能依据小场地的情况进行训练设计了。在设计时要秉持着科学合理的基本理念，并且还要对场地资源进行充分的利用，使足球后备球员的训练体验尽量充实，使训练更加有效。

2. 明确小场地的边界

所谓的"小场地"并非是规划好的一个个面积虽小但是训练功能齐全的成熟训练场地，而是足球教练根据学校的场地资源人为划定的一个可以最低限度完成校园足球训练的区域。因此，在训练之前，必须要明确小场地的边界以及可以承担的功能，这些都是足球训练的重点因素。

在明确边界和功能的前提下，就可以有目的、有控制地开展足球训练了。训练前教师应强调组织纪律性以及可利用条件（隔板、标志物等），使队员明晰自己所在的区域。另外，在训练时还要考虑到环境因素，尽可能避免外界因素的干扰，同时也不要干扰外界环境的正常秩序。

3.训练内容紧凑、训练方法流畅

小场地校园足球训练的一个明显优势，就是可以更加流畅地施展训练的方法，因为教练在相对小的场地上能够对训练和比赛发挥更强的控制能力。在训练内容方面，由于场地变小，因此可以更紧凑地安排训练内容，使训练效率明显提升。

需要注意的是，为了提高青少年后备人才的训练积极性和训练热情，教练在训练内容的安排上不仅要节奏紧凑，还要难易搭配，尽可能避免单一枯燥，否则会很快让后备球员产生倦怠感。

第六章 校园足球后备人才培养的科学保障

校园足球是发展我国足球事业的基础，对从整体上提升国家在竞技体育方面的成绩具有非常重要的影响作用。因此，在培养校园足球后备人才时一定要加强科学保障，只有这样才能获得较为理想的效果。本章将从校园足球的风险防控、后备人才的营养补充和损失处理、健全校园足球后备人才的培养机制以及加强校园足球后备人才的培养管理等方面展开阐述。

第一节 加强校园足球风险监控与防范

一、校园足球风险监控的重要性

（一）保证学生的人身安全

校园的足球教学活动具有运动量大、拼抢激烈、对抗性强的特点。因此，为了能够保证足球教学的正常进行，应全程做好安全管理工作。对足球教学的安全管理是保障学生人身安全的基本前提，是促进学生充分行驶足球训练权利的必要保障。

（二）提高学生的训练积极性

足球运动具有对抗性，如果没有必要的安全管理则会使学生在学习的过程中带有一些顾虑，这可能会让足球教学或者足球训练无法正常地开展。大多数青少年学生还没有发育完全，他们在力量、耐力等方面与成年人存在着较大的差距。这时候如果没有做好恰当的安全管理，忽视学生的身体特性，长期开展高强度运动会，则会导致学生身体负担过重，逐步产生疲劳、乏力等情况，严重的可能会形成运动损伤，那么将对接下来的教学活动造成不利的影响。因此，要引导学生树立正确的运动意识、掌握安全的训练技巧，以便让校园足球教学活动能够安全顺利地进行下去。

二、加强校园足球风险监控的措施

（一）预防内在影响因素的措施

1.加强学生的安全意识

基于足球运动的特点，应该将提高学生的安全意识作为足球教学的正式内容之一。另外，在教学中还应该加大对学生身体素质训练的比重，即在进行足球技术和战术的学习之前，要让学生做好充分的身体准备。足球教师应带领学生们进行力量、耐力、速度等素质训练，并在每项训练之前都强调相应的热身活动的重要性。除了足球课上的训练之外，还应该鼓励学生在课余也要积极开展健身活动，使学生能够逐渐养成良好的锻炼习惯。

另外，由于足球运动不可避免地包含大量的身体对抗性内容，因此，在对低年级的学生进行教学时，足球教师应当严格维持教学秩序，一旦发生不合理的争抢要及时制止。对于部分学生出现的过度动作，应引导其以客观、理性的态度进行运动。

2.完善足球教学组织方式

足球教师在教学过程中，要善于组织，分配给学生一定的协助管理权利，这样既可以加强安全管理的力度，又可以锻炼学生的责任感。比如，在分组训练时，教师可以选择一些自制力高、责任心强的同学协助维护课堂安全，一旦发现隐患及时制止或向教师汇报。

另外，对于不同身体条件和技术水平的同学可以分组训练。教师可以按照学生运动能力水平进行分组，给每个组分配难度不同的训练内容，这样便可以让学生们进行难度适宜的运动形式，避免一些不必要的安全隐患。

3.规范足球教学体系

强调足球规则与技术教学同等重要，它是保证足球课能够有序、顺利进行的先决条件。教师要让学生了解正确技术动作、恶意动作间的差异以及杜绝犯规行为的重要性。在必要时候，可以通过视频和图片等向同学们展示犯规的危害，以避免足球课程中由于学生不明确规则而导致的犯规行为的发生。

（二）预防外在影响因素的措施

1.引入室内足球活动

在天气条件较差的地区，可以对足球课程进行相应的调整，在课程设置中增加一些室内训练和活动的内容。在遇到恶劣天气时，可以有条不紊地开展室内教学活动。

2.及时更新教学设施及器材

学校应该加强对足球教学设施及器材的维护与更新工作，努力申请建设高标准的足球场地，安排专人对场地和设施进行保养、修整和清洁工作。因为场地和辅助器材直接关系到足球教学的教学质量，是最为重要的安全因素，所以应该得到校方的足够重视。另外，也要做好相应的医疗防护药物的配置，一旦有学生在训练中意外受伤，可以进行及时恰当的治疗，避免治疗时机的延误。

总之，校园足球的教学安全管理是一个多方面的工作，既要加强对基础设施的管理，又要提高学生的安全意识；既要在课程设置方面有充分的考虑和准备，又要通过教学管理提高安全系数。要从内部和外部两方面加强管理，从而有效地控制足球教学中的安全影响因素。

三、校园足球教学中的风险防范

风险识别是指对可能诱发风险事件发生的因素进行判断、归类和鉴定性质的筛查过程。风险识别是校园足球教学安全管理的一部分，风险识别的成功与否直接影响着教学安全。针对校园足球风险的研究，可以有效地规避一些潜在的风险，做到有效防范。这些风险一般分为人为风险因素、环境风险因素、组织风险因素，如果能对相应的风险提前进行有效识别，基本上可以杜绝大部分风险隐患。通过多年的实践，总结出了以下几种校园足球教学中的风险防范措施。

（1）增强自我保护意识。

（2）强化安全教育推广。

（3）合理安排教学内容。

（4）注意学生动作规范。

（5）严格遵守比赛规则。

（6）提升教师专业素质。

（7）构建紧急医疗救助。

（8）加强运动场地管理。

第二节　注重运动营养补充与损伤处理

青少年正处于生长发育的重要阶段，他们此时身体各项机能正在快速成熟，对营养的需求远远高于成年人。更何况对于每日运动量非常大的足球后备人才来说，由于身体处于高度的训练状态，其生长发育更为迅速，对营养的需要也在增加。因此，及时补充适当的营养将对足球后备人才的身体素质以及运动技能的发展都具有重要的影响。另外，校园足球在训练中，难免会发生运动损伤的情况，对此，学校应该加强对青少年球员的教学，让他们掌握常见损伤的基本处理方法。

一、足球后备人才的营养需求

（一）蛋白质

对于普通青少年来说，日常补充蛋白质非常重要，对于足球后备人才来说，这一营养素更加重要。处在生长发育期的青少年体重在不断增长，蛋白质在体重增长中发挥着非常重要的作用。青少年组织器官的生长发育也离不开蛋白质，因此青少年对蛋白质的需求量和摄取量高于成年人，按每千克体重来说，摄取量是成人的1.5倍。除了组织器官的生长发育离不开蛋白质外，肌肉的合成也离不开蛋白质的参与，而且对优质蛋白的需求量更大。足球后备人才在日常饮食中，要注意补充优质蛋白质，选择的蛋白质食物应该易于吸收，有丰富的氨基酸。一般来说，动物蛋白在吸收方面更好一些，因此可通过喝牛奶、吃鸡蛋来补充蛋白质。青少年女子足球运动员比男子足球运动员更需要补充蛋白质，如果蛋白质补充不足，容易出现贫血症状。所以如果女子足球运动员贫血，未必一定是缺铁造成的，也可能是由于机体缺少蛋白质，导致红细胞含量减少而造成的。

（二）碳水化合物

碳水化合物是非常重要的营养素之一，它其实就是人们生活中常说的"糖"。作为三大能源物质之一的碳水化合物在人体骨骼肌的活动中发挥着非常重要的作用。足球是非常考验运动员体能的一项运动，一场完整的足球比赛长达一个半小时，运动员在场上要不断跑动，完成各种踢球动作和无球技战术，大脑也要高度集中注意力，不允许有丝毫的偷懒或分心。如果运动员体能较弱，注意力分散，思维能力、大脑反应速度及运动能力都会受到严重影响。所以，足球运动员一定要做好体能储备。碳水化合物的代谢产物——葡萄糖是人体大脑能量来源的底物，足球后备人才要想提升自己的体能水平，就必须在日常饮食中注重摄取糖类食物，补充足球的主食，从而增强体能，在训练与比赛中有良好的表现，并在训练与比赛结束后很快取得超量恢复效果。足球后备人才对碳水类食物的摄取不应该只是在训练中，训练前和训练后同样要适量补充，从而充分发挥能源物质对提升机体运动能力的作用，并在机体恢复中发挥效用。

1. 运动前的补充

足球后备人才在训练前2小时内补充面包、香蕉等碳水类食物，从而储备足够的糖原。注意在训练前补充糖类食物时，食物易吸收是必须考虑的一个要素。训练前可以同时完成对糖和水的补充，如饮用含糖运动饮料等，如果是在冬季训练，则适宜饮用淡糖水。

2. 运动中的补充

在训练过程中主要通过饮用含糖运动饮料来补充碳水化合物，从而维持血糖平稳。

3. 运动后的补充

训练一结束就立即补糖，因为经过大量运动后，肌肉对胰岛素产生很高的敏感度，这时快速补糖对疲劳的消除和体能的恢复更有效。运动后补糖越早，机体恢复效果越好。如果在运动后1小时才补糖，那么很难达到良好的恢复效果。

（三）脂肪

脂肪对足球运动员来说同样是必不可少的能量来源，对于青少年球员尤为重要。身体尚未完全发育的青少年的糖代谢能力和成年足球运动员对比相对较弱，因此脂肪在体内供应能量的重要性更为显著，足球后备人才在训练中对脂肪供应的能量有很强的依赖性。

现代医学研究表明，在青少年成长过程中，脂肪作为一类重要的营养素是不可或缺的，其直接影响青少年的身体成长、智力发展以及性成熟。青少年大脑神经细胞的发育离不开不饱和脂肪酸和磷脂这些重要原料，脂肪补充是否充分、合理，直接关系着青少年的智力发育水平。同时，足球后备人才补充脂肪也有助于促进机体更好地吸收脂溶性维生素（维生素A、维生素D、维生素E等）。

（四）水

足球训练会使青少年球员体内的水分大量流失，在高温环境下进行户外足球训练，更容易流失电解质和水分，如果不及时补充水分，就会出现电解质紊乱、脱水等一系列生理变化，进而导致机体疲劳、肌肉损伤等不良反应出现。

为了防止足球运动员在训练中脱水，必须保证水的充分补充。而且补充水不仅发生在训练中，在训练前和训练后都需要适量补水，尤其是补充运动饮料或淡盐水，从而使机体流失的体液得到补充，促进体液内环境稳定状态的保持。补水时，既要注意水的温度，也要注意补水量。水温要适中，以温水为主；补水量每次不宜过大，一次少量补水，多补充几次即可。

（五）维生素

不管是人还是动物，其正常生理功能的维持都离不开一种微量有机物质，那就是维生素，而且这种营养素必须从食物中获取。因为人体内本身的维生素含量并不多，只有从食物中获取才能满足人体生长发育的需要，才能促进新陈代谢。

青少年处于生长发育期，也处于物质代谢与能量代谢的旺盛期，因此机体需要大量的维生素。足球后备人才每天都需要补充维生素B、维生素C等水溶性维生素，因为这类维生素只在体内存留很短的时间，必须不断补充才能满足生长发育之需。人体内的糖代谢、蛋白质代谢、脂肪代谢等能量代谢都离不开B族维生素的参与，而且B族维生素也是能够直接产生能量的营养物质。青少年运动员适量补充维生素C，不但能够增强免疫力，还能更好地吸收铁，对足球运动训练中常见运动性疾病之一的运动性贫血有显著的预防效果。

（六）矿物质

矿物质也是足球后备人才要特别注重补充的一类营养素，其中钙、铁这两种微量元素的补充尤为重要。处于生长发育期的青少年要通过补钙来促进骨骼发育，青少年摄入钙含量丰富的食物，对骨骼健康具有重要的维持与促进作用。

青少年女子足球运动员要特别注意补铁，月经期的女孩更需要补铁，可以适当多吃一些红瘦肉，以弥补月经期流失的铁。缺铁严重时还需要补充铁剂，但主要还是以食补为主。

二、足球后备人才的膳食营养现状

（一）足球后备人才的营养认知

首先，我国足球后备人才中有很大一部分运动员对基本营养知识掌握得不够多，缺乏这方面的认知，而且对已经了解的营养知识缺乏深度理解，以浅层认识为主。

其次，一些足球后备人才有较为积极的营养态度，会有意识地学习营养知识，对营养理论知识有比较强烈的学习需求。部分足球运动员对自己的日常饮食习惯不太注意，因为营养知识的缺乏而无法对自己的饮食行为习惯进行调整、控制及约束，从而导致日常膳食中存在很多营养相关问题有待解决与调整。

最后，部分足球后备人才的饮食行为不科学、不健康、不合理，普遍存在挑食、偏食的问题，早餐质量不高，午餐营养不全，晚餐能量过大，而且吃饭时速度快，不利于消化。吃零食、吃垃圾食品也是青少年球员日常膳食中普遍存在的问题。

（二）足球后备人才的营养补充情况

首先，足球后备人才在训练期每天消耗大量的能量，但每天从食物中获取的能量少于消耗量，不能满足机体需要，从而影响了机体代谢的平衡，也影响了训练表现与训练效果。脂肪和碳水化合物这两类供能物质应该是要重点补充的营养素，但一些青少年在训练期每天补充的脂肪和糖比例较低，而蛋白质的补充比例远远高于其他两种能源物质，这是不合理的。有些青少年认为多吃肉就能补充能量，因此忽略了对糖的补充。

其次，营养素缺乏是足球后备人才普遍存在的问题，有的运动员缺乏一种营养素，有的则缺乏多种营养素，不管是缺乏一种还是多种，都对青少年的生长发育、生活学习以及运动训练产生了制约。有的青少年因为缺乏营养素还造成了运动性疾病的发生，如运动性贫血便是因缺铁而造成等。不同的青少年都有自己的口味喜好，他们在饮食上表现出很强的主观性，专门挑选自己喜欢的食物，食物种类单一，自然就导致营养不全面、不均衡。

最后，这些青少年球员对补液的认识还不够，经常都是到了口渴时才喝水，训练前和训练后补液很少，训练中补液找不到合理的时机和方法，导致体液大量流失，造成电解质紊乱或脱水等情况的发生。

（三）足球后备人才的饮食结构情况

1.一日三餐能量摄入比例不合理

青少年大都对早餐不够重视，要么不吃，要么吃得很简单，早餐能量摄入明显不够。有的青少年运动员在晚餐中吃很多高热量食物，晚餐摄入的能量在一天的总摄入能量中占较大的比例，而且晚餐与睡眠时间间隔短，不利于消化。总的来说，大部分青少年球员由于没有严格的营养师和教练的监管，导致一日三餐的能量摄入不够科学，供需不平衡，对运动能力与身心恢复造成了影响。

2.饮食结构单一，营养不全面

足球后备人才每天的饮食比较单一，只摄入少数几种食物，主食除了面食就是米饭，很少吃粗粮，导致机体缺乏膳食纤维。此外，部分青少年球员每日补充的蔬菜、水果、奶制品、豆制品也没有达到合适的推荐量，导致机体缺乏蛋白质、维生素、矿物质等营养素。长期饮食结构单一和营养缺失严重影响了青少年球员的健康成长、运动表现及训练效果。

三、改善足球后备人才营养现状的建议

（一）帮助足球后备人才掌握营养知识

学校多开展健康教育讲座和营养教育讲座，体育教师和教练员多宣传与健康和营养有关的知识，使足球后备人才认识到健康与营养的重要性，认识到营养与运动成绩的关系，并从多种有利渠道获取营养和运动营养的相关知识，提升自己的营养知识素养。学校可以邀请营养学专家或专门的营养师为足球队的球员讲解和足球运动相关的营养学知识，使营养师与教练员共同从足球运动的能量消耗特点、足球后备人才的身体状况出发对营养膳食方案进行制订。在接下来的训练中严格按照营养膳食方案去安排青少年球员的三餐，合理搭配食物，全面补充营养，提升青少年球员的营养水平、健康水平和体能水平。

（二）督促足球后备人才养成良好的饮食习惯

要对足球后备人才的健康饮食习惯进行培养，就要对科学合理的饮食计

划进行制订。在计划中把每日的三餐时间规定好，尤其要强调早餐的重要性，培养青少年每天按时吃早餐的良好膳食习惯。学校食堂为青少年运动员专门配置营养套餐，使运动员每天补充的能量比非运动员多一些，为运动员合理搭配各种食物，保证其营养均衡、全面。除了正常的一日三餐外，可以适当给足球后备人才加餐，加餐以水果、简餐为主，以增加对维生素的补充。为足球后备人才提供的晚餐不宜有太高的能量，晚餐能量在一日总能量中不宜占过大的比例。尽可能通过一日三餐的合理营养搭配和适当加餐来满足运动员的营养需求，帮助运动员克服吃零食、挑食、偏食、吃垃圾食品的坏习惯。

（三）调整足球后备人才的膳食结构

足球后备人才机体所需的营养是通过饮食而获得的，只有饮食科学、合理，才能保证营养摄入的全面与均衡，才能保持能量的供需平衡，为顺利参与训练和促进机体恢复提供基础保障。因此，对膳食结构的安排与调整非常重要，每日的膳食不仅要保证能量总量的供需平衡，还要保证每餐食物的能量比例适宜。对膳食结构的安排要遵循的基本原则是"早餐吃好，中餐吃饱，晚餐吃少"。不管是足球后备人才，还是非运动员的普通青少年，抑或是成年人，一般情况下都要贯彻这个原则来安排膳食。

每日三餐的食物种类和补充的营养素应有所侧重，早餐要多补充优质蛋白和维生素，食物有鸡蛋、牛奶、水果、蔬菜等。午餐的食物种类要多一些，如豆制品、奶制品、蔬果、谷物、水产等。晚餐以谷类食物、蔬果为主，易消化，而碳水类食物不易消化，所以摄入量宜少一些。对足球后备人才来说，适当摄入粗粮、鱼类、精肉、动物内脏等食物，能够补充微量元素，提升矿物质和维生素在体内的利用率，预防贫血。此外，运动员每天都要补充适量的水分，并根据训练量来调整补液量。

（四）制订合理的营养膳食方案

不同运动项目的能量消耗特点不同，因此对运动员的体能要求都有或多或少的差异，这就决定了不同项目的运动队伍都应该有符合专项要求的膳食制度，专业运动队应该有专门人员对运动员的饮食进行严密控制，为运动员合理搭配食物，包括对饮食时间、饮食量也都要有合理的规划，从而通过合理膳食提升运动员的体能水平，最终促进其运动成绩的提升。

虽然足球后备人才不必像专业足球运动员那样严格按照要求来摄入食物，但青少年足球人才培养单位也有必要对青少年球员的特殊性（包括年龄特点、运动项目特点等）予以考虑，在此基础上对科学合理的膳食制度标准进行制定，按照制度要求来安排运动员的饮食并定期对青少年球员的健康水平、运动能力等进行检测，从而了解膳食制度实施后取得的效果，根据实际反馈对膳食方案进行调整与完善，使青少年球员能通过科学合理的膳食营养提升体能、智能，提升学习水平和运动能力。

如果学校经济条件较好，可以配备专门的营养师来负责安排青少年足球队的一日三餐；如果条件较差，则学校可以向上级体育部门申请配备营养师，或由营养师为本校足球队制定食谱，以保证足球队膳食营养补充的科学性、合理性及有效性。

四、足球后备人才训练中常见损伤的处理

（一）挫伤

挫伤是肌体某部位受钝性外力作用，引起该处及其深部组织的闭合性损伤。足球运动员相互碰撞、踢、顶等都易发生挫伤。挫伤症状有疼痛、肿胀、皮下出血和功能障碍等。

发生挫伤后应立即进行局部冷敷、外敷新伤药等，适当加压包扎，并抬高患肢，以减少出血和肿胀。股四头肌和小腿后群肌肉的严重挫伤多伴有部分肌纤维的损伤或断裂，组织内出血形成血肿，应将肢体包扎固定后，立即送医院诊治。

挫伤的程度可轻可重，因此足球后备人才在进行训练时，要注意尽量避免挫伤的发生，一旦发生也要掌握基本的处理方法。

（二）擦伤

擦伤是足球训练中比较常见的运动损伤，而由于青少年的技能掌握还不够熟练，发生擦伤的情况更为常见。从擦伤的定义可以看出，它是指肌体表面与粗糙的物体相互摩擦而引起的皮肤表层的损害。主要征象为表皮剥脱，有小出血点和组织液渗出。

一般较轻、较小的擦伤，可以用生理盐水或其他药水冲洗伤部，涂抹红药水或紫药水，不需包扎，一周左右就可痊愈。面部擦伤宜涂抹0.1%新洁尔溶液。

较大的擦伤伤口需用碘酒或酒精在伤口周围消毒，消毒后撒上云南白药或纯三七粉，盖上凡士林纱布，适当包扎，两周左右即可痊愈。

（三）撕裂伤

撕裂伤是指受物体打击而引起的皮肤和皮上组织出现裂口，有不同程度的出血和污染，如青少年球员在争头球时，就可能导致头部相互碰撞而发生眉际撕裂伤等。

处理撕裂伤时，轻者可先用碘酒或酒精消毒，然后用云南白药或其他药物和方法止血，再用消毒纱布覆盖，并适当加压包扎。

伤口较大、较深时，应及时送医院进行清创缝合手术，并口服或注射抗菌素药物预防感染，按常规注射破伤风抗霉素。

（四）关节脱位

关节面失去正常的联系称为关节脱位。关节脱位时，一般伴有关节囊撕裂、关节周围的软组织损伤或破裂。足球运动中肩锁关节、肩关节及肘关节的脱位较为常见。尽早复位是治疗关节脱位的第一原则，如对于常见的肩关节脱位，可采用Hippocrates复位法进行复位治疗。患者仰卧，腋窝处垫棉垫，术者站在患者侧床旁，靠近患肩的足跟蹬在患者腋下靠胸壁处，双手牵引患肢腕部，以足跟顶住腋部进行对抗牵引，持续均匀用力，一段时间后肩部肌肉逐渐放松，此时上肢内收、内旋，肱骨头可经前方关节囊的破口滑入肩关节盂内，此时常可感到肱骨头复位的滑动感和复位的响声。复位后肩部外形饱满。

（五）骨折

骨折是骨的完整性遭到破坏的较为严重的运动损伤。足球运动训练中发生严重的骨折损伤后，按如下原则与方法进行急救处理。

（1）如有休克和大出血等并发症时，首先抢救休克和止血，给予止痛药物，平卧保暖，针刺人中等，采取简要的止休克措施。止血多采用压迫法。

（2）骨折固定前尽量不要移动伤肢，以免加重伤情，应尽快固定伤肢，限制骨折断端的活动。大腿、小腿和脊柱骨折应就地固定。

（3）对有伤口或开放性骨折的伤员，首先要止血，用消毒巾或纱布包扎后，尽早送医院治疗。

（4）使用合适的固定用具，长度超过骨折部的上、下两个关节，夹板与皮肤之间要有垫衬物固定，先固定骨折部的上面和下面，再固定上下两个关节。

（5）伤肢固定后要注意保暖，检查固定是否牢靠。四肢固定时要观察肢端是否麻木、疼痛、发冷、苍白或青紫，从而判断是否包扎过紧。

需要注意的是，骨折急救处理中要特别重视骨折部位的临时固定，不同部位的固定方法不同。

第三节　健全校园足球后备人才培养机制

成熟的校园足球后备人才培养环境，离不开健全的培养机制。本节将对我国当前的足球后备人才培养机制进行深入分析。

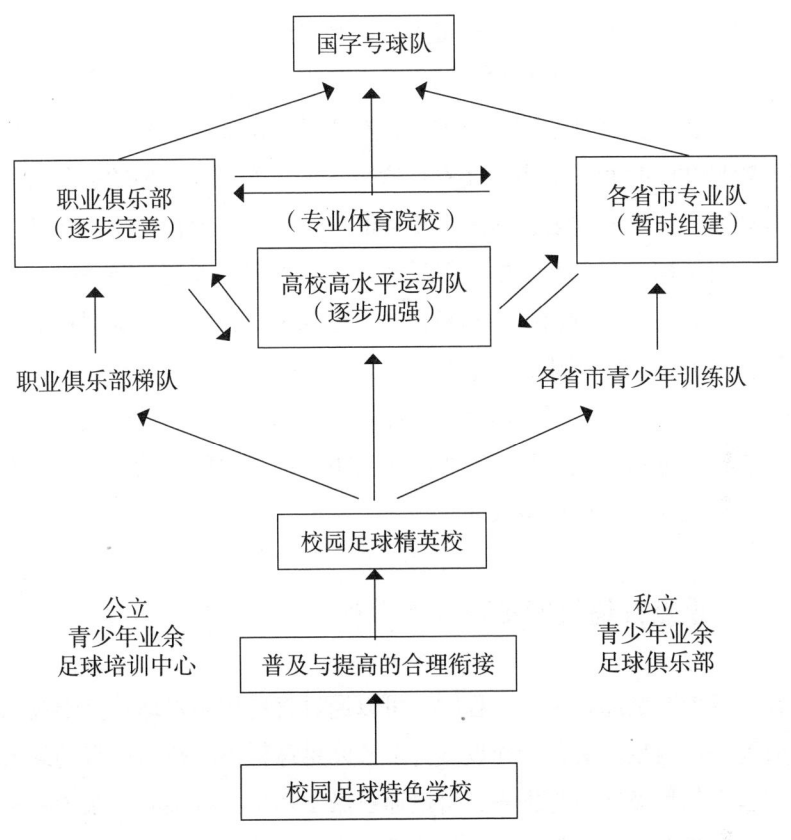

图6-1 我国校园足球后备人才培育模式图[1]

一、重视校园内部足球运动的普及

（一）全面加强校园足球的普及

在学校系统内，应加大足球教学的力度，使青少年有机会充分地认识和了解足球运动的魅力。学校要有意识地为学生创造良好的足球环境，让学生

---

[1] 张辉. 我国校园足球后备人才培养机制研究[J]. 体育文化导刊，2017（10）：140-144.

在日常的学习和生活中，能够从很多方面都接触到足球文化，让足球运动成为学生生活中可以随时参与的一项运动。如果能实现这样的场景，就可以说校园足球的普及程度基本达到要求。曾有亚足联足球专家指出，青少年球员最早接触足球的时间一般为5—6岁，这是学生培养足球兴趣的启蒙阶段。

具体而言，学校需要创建形式多样的足球活动，促使学生更多地、更加深入地参与足球运动，并从中获得乐趣，从而逐渐培养起对足球运动的浓厚兴趣，愿意自发地进行训练，不断精进自己的足球技能。足球混搭要能够满足不同水平的青少年，注意理想的情况是让每个学生都能找到合适的运动小组，无论自己的足球水平如何，总能在足球运动中获得运动的快乐。只有这样，才能让足球真正成为我国青少年生活中一项重要的运动项目，才能全面挖掘和培育优秀的足球后备人才。

（二）重点打造校园足球精英学校

在进行校园足球普及的过程中，可以通过打造校园足球精英学校的方式来有效促进校园足球文化的建设。打造校园足球精英学校可以带动绝大部分学校和学生都积极地参与进来，可以通过激发学生的好胜心、荣誉感和归属感而间接地激发他们对足球运动的热爱。打造精英足球学校、培养精英后备人才是全面启动校园足球培养的重要手段。

通过几个成绩卓然的足球精英学校的榜样作用，能够充分发挥以点带线、以线带面的普及作用，从而使我国的校园足球运动逐渐形成全国范围内的普及，为培养更多的足球后备人才奠定良好的基础。

（三）逐步提高校园足球的训练水平

有了一定的基础规模之后，接下来要逐步提高校园足球的整体训练水平，使校园足球逐渐接近专业化水准。比如从小学、初中、高中直到大学，设计阶梯式足球后备人才的培养计划，并逐渐将更加专业化的足球人才培养机制和培养方法引入学校，从发展学生对足球运动的参与热情，到切实提升他们的足球技能水平，使校园足球的业余足球运动也踢出一定的水平。

第六章　校园足球后备人才培养的科学保障

国际足联有关数据显示，13至15岁的青少年时期是技能提升的最佳敏感期。为此，可以加强完善初中阶段的校园足球训练体系，充分挖掘和提升初中阶段校园足球后备人才的足球基础和竞技水平。

（四）鼓励学校建立校园足球俱乐部

通过借鉴足球发达国家的成功经验不难发现，校园足球的普及度和发展水平，在一定程度上与学校的足球俱乐部有着密切关系。足球俱乐部的形式能够很好地借助俱乐部的精英管理形式，激发青少年自觉自发地参与足球运动的热情。

（五）体育院校的足球后备人才培养

在校园足球运动的普及活动中，还应重点针对体育专业院校展开。体育院校的师资力量雄厚，硬件设施先进，是培养足球后备人才的重要阵地，它们不仅具有最好的教练、环境和培训方法，而且同时还配备国内最顶尖的科研团队，或者与国家队有着密切的联系，能够带给足球后备人才最佳的成长和发展机会。因此，如果能重点培养体育院校的足球后备人才，将对我国整体校园足球的发展带来强有力的推动。

总之，在校园足球发展中，体育院校作为学校足球的一个特殊群体，应充分发挥其效能。一方面，通过校内自身组建球队或加强与职业足球俱乐部的合作共同培养后备人才；另一方面，通过建立校园足球实训基地或青少年业余足球培训中心，为社会提供服务。

二、建设校外的青少年足球活动中心

健全校园足球后备人才的培养机制，不仅要从校园内部着手，在校园外部也要做好配合工作。这是因为，足球后备人才的成长，不仅局限于校园内部。实际上，校园外部环境对他们同样发挥着重要的影响作用。因此，要由政府出面，联合企业共同大力推动青少年业余足球培训中心的建设，丰富青少年足球运动的文化和内容选择，借助市场的力量，加强和完善青少年足球俱乐部的成熟，为我国校园足球的发展提供助力。

（一）大力推行青少年足球训练中心制度

建设校外青少年足球训练中心是对校园足球发展的重要支持。当前，我国校园足球的发展受到经济、文化和社会环境的影响，还有很多不尽如人意之处，要想全面提高还需要时间以及多方面的努力。而校外青少年足球训练中心的建立则相对简单，只要得到一定社会资本的投入，经由悉心经营和管理，获得一定的市场认可，就可以逐渐得到发展。

校外足球训练中心以及足球俱乐部等形式的足球组织，为提高青少年学生球员的训练水平起到重要的作用。校外青少年足球训练中心有利于帮助学生放轻松，远离成绩和升学的压力，让他们有机会全身心地享受足球带来的快乐。

然而，要想全面发展校外青少年足球组织，还依赖政府有关部门进行制度的制定，给出规范的管理指导，使其为我国足球后备人才的培养提供有力支持，使其成为我国校园足球蓬勃、健康、有序发展的有效补充。

（二）逐步完善青少年足球俱乐部制度

当前，我国一些大型城市中还有一种常见的校外青少年足球活动中心，即青少年足球俱乐部。青少年足球俱乐部主要依靠地方体育主管部门牵头以及社会企业的资助而建立。青少年足球俱乐部是青少年在业余时间参与足球培训和学习的另一重要场所。俱乐部的经营管理主要以盈利为目的，基本上完全以市场行为进行主导，它与社会上的足球大环境息息相关，与足球文化、足球教学、足球产业等的发展保持高度的契合，它们彼此之间存在着相互影响和相互促进的作用。

就我国目前的发展情况来看，校外的青少年足球俱乐部发展较为突出，对青少年足球后备人才的全面成长发挥着不可或缺的作用。校外青少年足球俱乐部的存在使大多数足球后备人才在校园之外获得了训练足球技能的途径以及更多元地参加青少年足球比赛的机会，改善了因校园师资力量有限或者场地不够健全而导致的教学不足的问题。设立青少年足球俱乐部的首要问题是重点加强体育主管部门的监管力度，具体体现在如下几个方面：

（1）要求俱乐部履行注册制度，统一管理，体育部门应对业余足球俱乐部的训练设置、训练条件严格把关，并进行等级评定。

（2）确定严格的收费制度，地方体育主管部门应对业余足球俱乐部设定统一收费标准，违规收费者将会受到处罚或暂停俱乐部运营。

（3）建立严格的教练员审核制度，俱乐部教练必须具备相应的教练员资格证书才能持证上岗。

总之，校外青少年足球俱乐部对校园足球的教学和普及形成了有效补充，通过校内外的共同努力，可以为我国足球后备人才创造良好的足球训练环境。另外需要指出的是，在健全青少年足球俱乐部制度的基础上，地方体育主管部门要大力推动本地区青少年业余足球联赛，从而健全足球产业的发展体系。

三、健全、完善足球后备人才的成长通道

（一）让足球精英学校发挥更大的作用

足球精英学校是聚集我国大部分最优秀的足球后备人才的地方，具有丰富的教学经验，是我国重要的培养足球后备人才的地方之一。从足球运动员职业发展的角度来看，足球精英学校是衔接校园足球普及与职业竞技足球间的纽带。它们具有较为完善的教学系统、一流的足球教练、最优越的场地条件，可以直接为国家输出优秀的足球人才。

因此，为了更好地带动校园足球的发展以及为足球后备人才提供更为鲜明、宽广的职业发展路径，应激发足球精英学校发挥出更大的作用，更为有效地发挥足球后备人才培养的中转站的功能。为部分有特殊足球天赋的学生打开职业绿色通道，将他们直接输送到更高水平的运动队中接受系统训练。

（二）完善校园足球后备人才转会制度

在校园足球运动开展中，由于存在不同地区、不同学校间的后备球员的竞技水平差异较大等客观因素，因此给校园足球后备人才的晋级和培训带来了一定的难度。为了改变这一局面，应尽快建设校园足球后备人才的培养机制，尤其是完善其转会制度。比如，将校园足球联赛分为甲、乙两个组别，甲组为足球精英校联赛，乙组为足球特色校和普通校之间的比赛。普通学校的足球后备人才不能参加甲组联赛，但是乙组中表现突出、具有特殊足球天赋的球员，将有机会晋升到足球精英学校或参加甲组比赛，进而获得被更高水平运动队录取的机会，从而完成职业发展的重要交替。

第四节　加强校园足球后备人才培养管理

一、注重足球理论课的教学

我国足球后备人才的培养系统在发展健全的过程之中，还存在很多的不足，还需要进一步摸索和尝试。但是前期的实践经验告诉我们，加强校园足球后备人才培育的第一步是要重视对他们进行理论课的教育。

足球后备人才的综合水平将直接决定着我国未来足球运动员的整体精神面貌以及足球运动发展的前景。因此，在校园足球的教学中，就应加强对后备人才的综合素质培养，尤其不能疏忽对其进行理论知识的教学。一名运动员是否能够具有稳健的职业发展之路，在很大程度上取决于其运动天赋和基础理论素养。因为越是到职业发展后期，当其竞技能力发展到足够高的水平的时候，能够让其继续发展、不断突破瓶颈的往往是运动员自身所具备的文化知识和相关的理论储备。而在传统的足球训练中，往往只重视对青少年球员专业技能的培训，忽视了对文化课尤其是理论课的教导，从长远来看，这种培养存在着明显的弊端，应尽快改善。

二、定期开展各种联谊竞赛

应强调让足球后备人才在大大小小的比赛中成长，以赛代练，这是现在足球教学中的一个重要的人才培育理念。通过各种形式的比赛，能够让后备球员在真实的比赛对抗中认识自身的能力水平，从而有针对性地进行训练，这对于加快球员的成长具有积极作用。

另外，各种联谊比赛还能让后备人才适应足球比赛的激烈氛围，切身感受到比赛的残酷性，从而使他们更加努力地进行训练，明确训练目标，避免因浑浑噩噩而耽误职业发展或是影响正常的学习进程。

三、打造良好的校园足球环境

校园足球后备人才的培养，离不开良好的环境熏陶。因此，对校园足球文化和足球环境的营造极为重要。打造良好的校园足球环境，就是同时从物质和文化两个方面着手，以青少年球员为中心，努力为其创造符合他们成长需求的足球物质文化环境，包括建设完善的足球训练场地，配备优秀的足球教师，给学生充足的业余训练时间。在校园足球文化建设方面，学校要根据自身的实际情况，创建多种形式的、促进青少年球员学习足球文化知识、主动进行足球训练的价值引导，帮助足球后备人才尽早明确自身的内部动机和外部动力，从而为日后的发展做好准备。

四、加大宣传力度，营造良好氛围

中小学足球文化的建设离不开学校足球的大力宣传，人们的思想、行为和个性会在不同的文化氛围中不知不觉地发生变化，因此，中小学校园足球文化建设需要营造良好的文化氛围，增强学生对足球的兴趣，促进校园足球的发展。可以在学校举办各种活动，如足球主题绘画比赛、足球标语比赛、校园足球标志比赛、足球摄影比赛和足球知识比赛，以激发和培养学生对足球的兴趣，并大力弘扬校园足球文化。

第七章　校园足球游戏教学与趣味练习

校园足球游戏是校园足球训练中的一个非常重要的内容，因为对于大多数足球后备人才而言，他们年龄尚小，如果完全按照足球运动员的常规训练方法进行教学的话，可能很容易就感到枯燥、艰苦而引发他们的抵触情绪，而足球游戏则不然。足球游戏是将足球训练的内容以游戏的形式呈现，这在形式上和训练难度上都更加适合足球后备人才。就此，本章将详细分析各种形式的足球游戏的训练方法。

第一节　校园足球游戏教学设计

校园足球游戏是校园足球教学中不可或缺的部分。对于青少年球员来说，过于严苛的专业训练，需要他们付出巨大的努力去克服心理和生理上的抵触。而足球游戏由于更为轻松，也更加符合青少年的年龄特点，因此在校园足球训练中发挥着重要作用。本节将对校园足球游戏的教学设计展开研究，以便让足球教育工作者在足球教学中以此来调节课堂气氛以及缓解足球后备人才的训练压力。

一、足球游戏的设计目的

（一）有利于校园足球的教学

随着校园足球在我国的广泛开展，应当随之构建起促进足球教学、推动足球发展的一系列的环境条件。而与场地建设和文化建设相比较，开发和创编丰富的足球游戏，是最为简单有效的手段。足球游戏凭借其随意性和目的性等特点，可以对校园足球的教学活动起到有力的促进作用，为深化和提升校园足球教学效果提供助力。与正式的校园足球教学、训练和比赛相比，足球游戏非常轻松简单，既充满娱乐性，又可以锻炼技能，是对足球教学的一种寓教于乐的有力补充，非常适合于青少年身心发展特征。

小学阶段的足球游戏以激发学生的足球兴趣为主。通过一起进行足球游戏，可以培养学生融入集体寻求合作的能力，同时激发学生的竞争意识。通过充满趣味性的足球游戏，可以很好地培养小学生对足球的兴趣。足球游戏对于中学生的足球教学则起到很好的补充作用。中学生开始接触一些较为专业和有一定难度的技术训练，而足球游戏可以被放在正式的训练之前作为热身或者穿插在训练之间作为调节。一方面，学生们通过做游戏可以缓解紧张的神经，另一方面，学生可以在游戏的过程中练习一些足球技巧的应用，达到事半功倍的效果。其实无论是哪个年龄段的学生，都可以在体育课上或者课间进行一些简单的足球游戏，既可以锻炼身体、学习足球技巧，又能增进同学们之间的感情，增强团队意识和竞争意识。由此可见，足球游戏对校园足球教学是一种非常有力的补充。

（二）有助于足球运动的普及

校园足球游戏是把足球的基本技术动作与游戏相结合而形成的，它强调的是以游戏的方式对校园足球进行推广和普及。足球游戏不仅可以发展学生基本的身体素质能力，使其掌握正确的足球技术动作，为提高足球运动能力打好基础，同时通过足球游戏还可以提高学生练习的积极性，养成踢足球的好习惯,从而有助于足球运动在我国得到更广泛的普及和推广。

通过足球游戏特有的方法和规则,还可以养成同学们积极协作、遵守规则的意识。而且,足球游戏在具有趣味性的同时,又是以足球的专业技术为主要的游戏手段。因此,通过游戏的形式可以强化学生们的足球技巧和足球意识。

二、足球游戏的设计原则

(一)趣味性原则

足球游戏以游戏为基本定位,因此趣味性是游戏设计的出发点,也是核心诉求。因为只有有趣才能吸引更多的人主动参与;只有有趣才能使参与的人在精神上得到欢娱,充分放松;只有有趣才能让游戏的成败不再重要,让参与的人没有心理压力。因为趣味性,足球游戏真正做到了让学生们更加重视游戏过程,而非游戏结果,这是游戏的价值体现。因此,在游戏设计的过程中,要加强提高游戏的趣味性内容,比如加入多种辅助器械或者设置一些有趣的环节,尽量让游戏更加生动活泼,从而调动起学生的参加热情和提高学生的投入程度。同时注意规则要明确、简单,如果规则过于复杂则会降低有趣的游戏体验。

(二)目的性原则

足球游戏除了趣味性以外,还有明确的目的性。其目的就是培养学生对足球运动的兴趣,学习一些基本的足球技术,从情感上拉近与足球运动的关系。因此,设计者在设计足球游戏的时候会融入大量与足球相关的技术动作,并鼓励同学们通过熟练地使用足球技巧从而在游戏中取胜。在设计足球游戏时还要对技术动作的运动负荷、动作难度和活动方式等做合理调整,避免由于游戏难度太大或者太复杂,反而事与愿违。另外,在游戏设计中还要注意设置一定的灵活性,比如参加人数、场地、器材等条件发生改变时要有相应的调整方式。例如，人数较多时，可增加组数，而不是降低每个人的练习密度。

（三）教育性原则

足球游戏属于校园足球教学的一个组成部分，因此具有教育性，在设计游戏时要秉持教育性的原则。简单来说，足球游戏是辅助教练进行足球教学的一种手段，它能够以比较简单和轻松的方式加强对学生的协作意识、竞争意识的培养。对于学生而言，进行足球游戏是一种放松活动，因此没有任何压力与负担，这对他们进一步学习足球技能起到了明显的促进作用。另外，通过足球游戏还可以培养学生的集体荣誉感、协作精神和竞争意识。总之，在设计足球游戏时要坚持教育性原则，让游戏具有一定的教育功能，而非仅仅将游戏作为一种放松娱乐的方式。

（四）锻炼性原则

足球游戏设计中的锻炼性原则是指在游戏难度和动作负荷方面，应该具有适当的难度，并且有意识地针对身体的不同素质和不同技术动作进行编排。比如，以快跑、急停、跳起、追逐、躲闪等人体基本活动能力为素材，在游戏中能很好地锻炼学生的身体素质和基本运动技能。或者，以足球运动中的传球、过人等技术为基本素材进行设计，来提高学生的技术技能，达到加强训练的效果。

（五）安全性原则

作为一种体育游戏，足球游戏不可避免地具有一定的争夺性和对抗性，因此在设计游戏时应注意把握安全性原则。其根本目的是保证学生尽量不发生运动损伤或意外伤害。在游戏中，允许学生发生合理的身体接触或身体冲撞，但是应该加强安全意识，做好安全防护。在设计游戏规则时，应考虑到避免负荷过大或者过度争夺的情况发生。例如，在守门员游戏中，应对守门员做好保护措施，并要求射门者踢地滚球或低位球。在有多组同学同时进行游戏时，要明确游戏路线，避免不必要的碰撞和伤害。

（六）针对性原则

足球游戏在设计之初要遵循针对性原则，每一个游戏有明确的针对人群或者针对动作。总之，针对性是校园足球游戏设计的基本原则之一。针对学生不同的年龄阶段，设计的游戏难度和游戏方式会有所不同。例如，在设计小学足球游戏时，针对头顶球技术动作设计的游戏训练要考虑到小学生颈部还相对脆弱，而头顶球技术难度较大，容易造成颈部受伤，所以小学生进行这个游戏时可以用网兜装着足球，悬挂在一定的高度让学生跳起来做顶球活动，这既保留了技术训练的目的，又降低了游戏难度，避免了小学生发生运动损伤的情况。类似地在设计传接球游戏、运球和抢截球游戏、射门游戏、守门员游戏、头顶球游戏、战术游戏、掷界外球游戏等的时候，都要考虑到针对性原则。针对性原则很好地保障了游戏的目的性、安全性、趣味性和教育性，让学生和教师在游戏的选择上更明确、更简单，同时也提升了游戏的效果。

（七）科学性原则

足球游戏的科学性是指在设计中要考虑到学生的年龄、体质、心理接受能力等因素，要充分地尊重人体的身心发展规律，从实际出发，设计难易程度、练习密度和运动负荷适当的游戏。设计的每一个游戏，都要以运动学、力学、心理学、生物学等为基本依据，坚持科学游戏、科学训练。只有科学合理的足球游戏才能长期地被教师和学生所接受和喜爱，才能让足球游戏的作用得到充分发挥。

三、足球游戏的设计方法

（一）程序法

程序法是指在设计足球游戏时是按照一定的逻辑和程序进行的，只有这样才能保证游戏的系统性、整体性，才能让足球游戏持续地产生作用、发挥价值。例如，在小学版的守门员技术游戏中有一个游戏是"你攻我守"，在设计该游戏时就是根据守门员的基本技术为设计逻辑，尝试让小学生们采用简单的守门员技术动作进行游戏。学生可以在游戏中练习专注力、判断力和抗压能力，体验守门员的角色职责，尝试守门成功或失败的兴奋感或挫败感。

（二）移植法

移植法是指在设计足球游戏的时候，首先将游戏素材按照内容、形式、规则等几个重要方面进行分类，然后对其中的某一个方面进行移植和改变，从而创造新的游戏形式。在运用移植法的时候，往往要用到发散思维对原有的游戏形式进行大胆的想象和改变。例如，在设计足球的传球技术动作游戏时，可以将传球技术与保龄球的方式相结合，设计出"足式保龄球"游戏。以保龄球的规则练习足球传球技术的动作要领。经过简单的移植，可以让学生产生强烈的兴趣，并积极踊跃地参与游戏，因此逐渐提高了学生传球的准确性。

（三）模仿法

模仿法是指设计足球游戏时可以打开思路，从日常生活中、自然界中寻找灵感，通过模仿的方式来设计游戏。比如，很多小学生都非常喜欢小动物，那么可以模仿一些小动物的走、跑、跳、爬等行为方式来设计游戏。比较常见的有"鸭子抓螃蟹""小猴摘桃"等。通过游戏可以让学生体会模仿动物的乐趣，同时还可以发展学生的协调性、灵活性以及培养学生的观察能力和配合意识。以"鸭子抓螃蟹"为例，一般至少要有两组进行比赛。每三个人为一组，其中两人背靠背用手肘互相挽住，模仿螃蟹横着走路，另一名学生扮演"鸭子"，动作要求是双手握住双脚踝，模仿鸭子的步态走路。游戏的规则是当游戏开始后，扮演"鸭子"的同学努力去捉其他小组的"螃蟹"。由于"螃蟹"是两名背靠背的同学扮演，所以逃跑时很容易因为方向不一致而拖慢速度，游戏过程非常有趣。

（四）组合法

组合法顾名思义就是将现有的两种或两种以上的游戏组合为一个新游戏。例如"运球射门"游戏就是将原来的运球游戏和射门游戏进行有机组合，于是可以同时训练两项足球技能，增加了游戏的难度和趣味性。除了可以选择同种类型的游戏进行组合，还可以将不同类型的游戏进行结合，比如"绳梯跑射门"游戏就是将体能训练游戏和射门游戏相结合，同时锻炼了学生的体能、射门技术和脚下快速移动的能力。通过在快速运动的过程中进行射门，还锻炼了学生的反应能力。因此，可以通过组合法设计较为复杂的游戏形式，将多种身体活动和技术训练融为一体，锻炼学生的综合身体素质和足球技术技能。

四、足球游戏的设计步骤

（一）明确游戏目标和游戏对象

设计足球游戏的第一步是明确两个核心要素。首先，需要明确游戏目标，即明确需要练习哪些技术或者哪些素质，以及明确要达到什么样的效果，这是游戏设计的前提与基础。其次，要明确设计该足球游戏是针对哪些对象，包括参与者的年龄、技能水平及身体条件等，只有了解针对对象后才能有针对性地设计游戏的难度和规则。比如，同样是练习传球的足球游戏，那么针对小学生的游戏难度和规则都要比针对中学生的更简单。而且，不同对象要重点发展的能力不同，有的游戏重在培养兴趣，有的游戏则具有训练技能的作用，因此，针对不同目的和不同对象会有非常不同的设计方案。不同年龄阶段的学生的认知能力、兴趣点也截然不同。比如，针对小学生可以多采用模仿法设计一些模仿动物动作的游戏，而针对中学生则可以多采用组合法设计难度略高、形式略为复杂的足球游戏。总之，只有明确了目的和对象，设计的游戏才具有针对性、时效性。

（二）选择素材

明确了游戏目标和游戏对象之后，下一步就是收集和选择游戏素材。在收集与选择素材的时候，其思路是以设计原则为依据，尽量选择质量高、易于接受和理解的素材，具体应该注意以下几点。

1.选择科学性的游戏素材

科学性是足球游戏设计的基本原则之一，也是判断事物是否符合客观事实的基本准则。在选择游戏素材时首先要认真研究游戏对象的身体、心理等特点，根据这些特点来确定素材的适用性以及它们是否能够起到发展游戏对象身体素质和运动技能的作用。因此，选择科学的游戏素材是设计校园足球游戏的基础，也是决定游戏质量的根本因素。

2.选择有趣味性的游戏素材

趣味性是游戏的本质特性，也是游戏的生命所在。如果素材本身枯燥乏味，那么很难发展出有趣的足球游戏，也很难让游戏对象对足球运动产生兴趣。因此，在选择游戏素材时，趣味性是不可缺少的一个因素，并且能在游戏中充分地体现出来，使参与者因为注意力放在游戏的趣味性上，而弱化了对动作难度的关注，从而以一种轻松的心态进行练习，也就达到了足球游戏的目的。

3.选择有针对性的游戏素材

可以说只要用心发现，那么足球素材取之不尽，但是为了保证工作效率，在选择素材的时候应该把握住针对性原则，即在选择和搜集游戏素材时，根据游戏目标和游戏对象，有针对性地进行取舍，选择最符合实际要求的游戏素材，而且在形式、呈现状态以及运动负荷方面都符合需要。这样不仅可以大大地提高素材的利用率，同时也提升了游戏的接受度和普及度。

4.选择有普适性的游戏素材

在有针对性地选择游戏素材的前提下，还要考虑到素材的普世性。这是因为每一个游戏面对的学生群体可能来自不同的地区、不同的民族，甚至是不同文化、不同信仰的国家，而足球运动和足球游戏都是可以跨越空间和时间的一种体育形式。因此，在游戏的设计之初就要考虑到这一因素，为了能尽可能地提高游戏被接受的范围和程度，要避免过于晦涩和难以被广泛接受的素材，而是应该多选择具有普世性的游戏资料。

（三）确定结构

1.游戏名称

命名是游戏设计中的一个重要环节。游戏名称既要突出主题，又要简单明快，最好还能够生动形象，让人过耳不忘。因为足球游戏主要面对的是在校学生群体，因此在命名时要避免使用刻板、学究或老气横秋的名字。有的游戏名字本身就非常有趣，让人充满好奇。比如星球大战、喜羊羊与灰太狼、蚂蚁搬家、小猴摘桃、鸭子捉螃蟹等都是非常传神的命名。总之，在命名时尽量采取模拟、比喻、夸张、诙谐的方式，这样才能符合游戏本身的气质。同时也要注意，不要为了有趣而脱离游戏本身的内容和特点，要保证游戏名称、内容和形式的统一性。

2.游戏方法

游戏方法要简单好记，不能让学生花费太多的精力用于研究和理解游戏方法上，那样就失去了游戏的意义。因此在设计游戏时应该尽量地简化规则，只保留最必要的约束条件，因为最重要的是游戏过程。一般最常见的几种游戏方法可分为以下几种类型。

（1）游戏的形式：接力、攻防、比远、比快、比耐力、比数量等。

（2）游戏的路线：直线式、曲线式、往返式、绕圈式、一动一静式。

（3）游戏的队形：纵队、横队、圆形、十字形、三角形、分散形等。

3.游戏规则

规则是足球游戏能够顺利进行的保障。规则一般可分成三类，一是侧重控制整个活动局面，维持纪律和秩序，比如规定游戏的总时长、组数等。二是对游戏中的动作规定，比如有些游戏中禁止用双手碰球，如果是接力游戏，接力的同学之间必须完成某个动作等。三是要明确游戏的边界，对犯规、无效动作有明确的规定。比如在运球游戏中，如果球落地后则必须从起点重新开始。

第二节　熟悉球性类游戏学练

对于大多数校园足球后备人才来说，他们首先要面临的就是熟悉球性练习。只有对足球有了足够的球感，熟悉到足球仿佛就是他们身体的一部分那样的程度，才可以真正进入足球技能的教学。

一、向后拉球接力

（一）游戏目的

提高控球技术，尤其是在移动中连续向后拉球的能力。

（二）游戏方法

以分组比赛的形式进行。学生分为人数相等的两组，并列两排站立于画

第七章　校园足球游戏教学与趣味练习

定的起点线后，在10米处分别设置两个标志物。准备时，每一组的第一名学生持球背向起点线站立，听到教练的开始信号后立即沿直线做连续向后拉球运动，拉球至标志物后折返，继续以拉球动作回到起点，并将球交给下一名同学，直至每组的最后一名同学完成游戏。率先完成游戏的小组赢得游戏（如图7-1）。

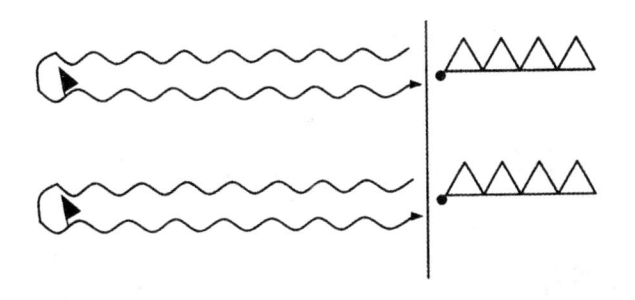

图7-1　示意图（1）

二、向前踩球接力

（一）游戏目的

提高学生移动中连续向前踩球的技术和控球能力。

（二）游戏方法

将学生分为人数相等的两组，并列站在画定的起点线后，在10米处分别放置两个标志物。当教练发出开始的指令后，每组的第一名学生立即做连续用脚前掌踩球的动作，踩球至标志物后以最短的时间绕过并折返，直至把球交给下一名同学，接力进行直到最后一名同学也完成游戏。两组中率先完成游戏的组获胜（如图7-2）。

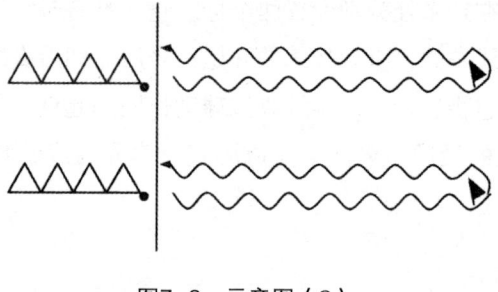

图7-2 示意图（2）

三、向前踩球与向后拉球组合接力

（一）游戏目的

提高学生向前踩球和向后拉球的技术，加强控球练习。

（二）游戏方法

将学生分为人数相等的两组，背向画定的起点线并站好，在10米处分别设置两个标志物。当教练发出开始的指令后，两组的第一名学生立即从起点线向标志物连续做向后拉球动作，至标志物后立即变为用脚前掌向前踩球折返，并将球交给下一名同学进行接力，直至全组完成游戏。最先完成游戏的小组获胜（如图7-3）。

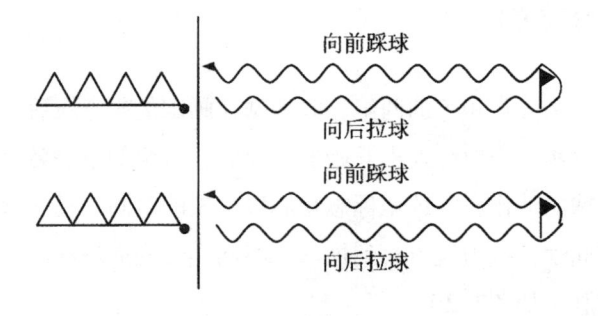

图7-3 示意图（3）

四、向前拖球接力

（一）游戏目的

提高学生向前拖球的技术以及控球能力。

（二）游戏方法

同学们分为人数相等的两组，在画定的起点线后站好，在距离10米处分别放置两个标志物。教练发出开始的指令后，两组学生的第一名立即用双脚向前拖球，至标志物后尽快绕过并立即折返，将球交给下一名同学进行接力，直至小组的最后一名同学完成游戏。两组中用时较短的小组获胜。需要注意的是，向前托球接力游戏是让学生掌握用脚内侧触球、双脚向外侧略张的技术技巧，不仅要努力加快速度，同时也要注意动作的连贯性和稳定性（如图7-4）。

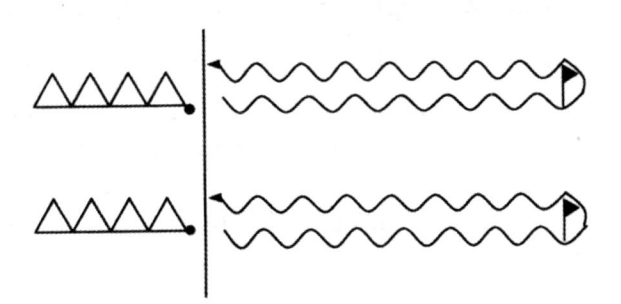

图7-4 示意图（4）

五、向后拖球接力

（一）游戏目的

提高学生向后拖球的能力以及控球能力。

（二）游戏方法

将学生分为人数相等的两组，在画定的起点线后两组学生并列背对起点线站好，在10米处分别放置两个标志物。当教练发出开始指令后，两组的第一名学生立即用脚向后拖球，拖至标志物时立即绕过折返，将球交给下一名同学接力进行，直到小组的最后一名学生也完成游戏，率先完成游戏的小组获胜（如图7-5）。

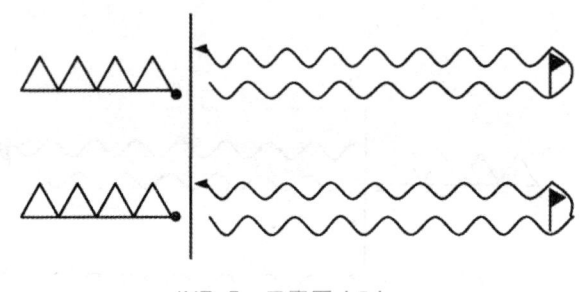

图7-5　示意图（5）

六、颠球比赛

（一）游戏目的

培养练习者的颠球技术。

（二）游戏方法

将学生分为人数相同的两组，并列站在画定的一条起点线后，在距离起点线10米处，各画一个直径为4米的圆圈，并各安排一名学生在对方的圆圈边上站好。当教练发出游戏开始的指令后，两组的第一名学生快速运球至本队的圆圈里，并在圆圈内做连续颠球动作。被指派站在圆圈外的学生负责监督对方学生的动作和颠球个数。当学生在圆圈内完成20个颠球后，迅速运球回到起点，将球交给下一名同学接力进行，直至全组都完成游戏，率先完成的小组获胜（如图7-6）。

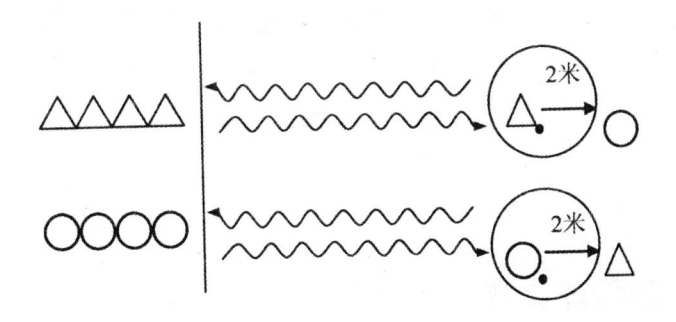

图7-6 示意图（6）

七、颠球行走接力

（一）游戏目的

提高练习者在移动中颠球的技术能力。

（二）游戏方法

将学生分为人数相等的两组，在场地内画出两条相距30米的平行直线，每组学生并列在起点线后站好。当教练发出游戏开始的指令后,两组的第一名同学迅速开始边颠球边向终点线前进,到达终点后迅速折返并将球交给下一名同学接力,直至小组的最后一名同学完成游戏。率先完成游戏的小组获胜(如图7-7)。

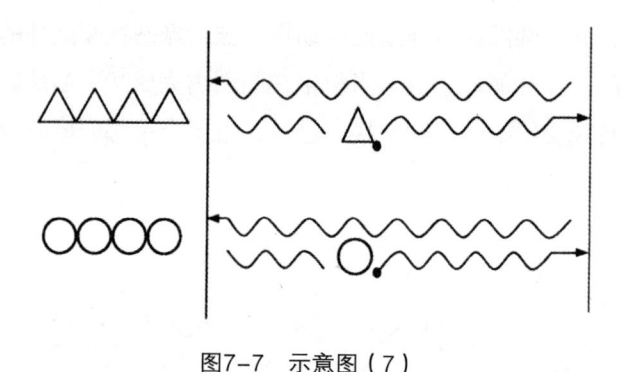

图7-7 示意图(7)

八、颠传球比赛

(一)游戏目的

提高练习者颠球技术和控制球的能力。

(二)游戏方法

将学生分为人数相等的两组,两组同学间距3米相对站立,其中一组的第一个学生持球准备。当教练发出开始的指令后,持球学生立即进行颠传球,将球传给对面一组的第一个同学,然后迅速转身排到队伍的尾部,对面的学生再将球颠传回给对方的下一名同学,然后也迅速排在所在队伍的队尾,依次进行游戏。如果有同学颠传球失败或者没有接住对方传来的球则被罚出队伍,并要求蹲在两队中间,直至自己同组队员颠出的球砸落在自己身上，方可被救活，然后回归队伍继续恢复游戏（如图7-8）。

如图7-8　示意图（8）

第三节　身体素质类游戏学练

足球运动对运动员的身体素质要求是全方位的，但其中最重要的是球员的耐力素质水平，因此本节主要针对发展足球后备人才的耐力素质的游戏进行讲解。

一、在场角二对二

（一）游戏目的

训练后备球员的耐力。

（二）游戏方法

每个队一次上场两名队员游戏，经过1分钟，每个队再出2名队员把他们替换下来；一个队开球游戏，并进攻对方的球门线；每次运球通过对方的球门线，才能算作得分。

二、在罚球区三对三

（一）游戏目的

训练后备球员的耐力。

（二）游戏方法

每个队一次上场3个队员，经过2分钟，另外3人再换他们；一个队开球游戏并进攻对方的球门线；游戏者努力占据能够得到球和能运球经过对方球门线的位置；本游戏没有越位之说。

三、变化进攻方向

（一）游戏目的

训练后备球员的耐力。

（二）游戏方法

当进攻队的所有队员都处于对方半场时才能射门。如果进攻队失球，则防守队变为进攻队。进攻队射中球门后，继续控制球，并改变进攻的方向。不设守门员，但不准用手触球，没有越位限制。

四、一人对多人

（一）游戏目的

训练球员的耐力。

（二）游戏方法

游戏没有守门员，也没有越位；如果球从栏架内穿过或者触及栏架，都算射中；为了不挡住栏架，队员应站在离球门线3米的地方；无论进攻队员还是防守队员，都不准越过限制线，否则，从越过的地点罚间接任意球。

五、无球门六对六

（一）游戏目的

训练球员的耐力。

（二）游戏方法

两个队都力图把球尽可能长时间地控制在本队脚下。游戏者听到"一次触球"的口令时，必须触一次球即传出去，这种激烈而快速的节奏持续5分钟，尔后节奏慢下来，可以接触2次或更多次。每传1次球得1分。一个队开球游戏，直到失掉球为止。为计算每个队传球的次数，需要有裁判。

第四节 足球技术类游戏学练

足球技术是足球运动的灵魂，无论是踢球的人，还是看球的人，都会对足球技术如痴如迷。因此，技术类游戏是足球游戏中必然会经常练习的内容。技术类游戏不要追求数量，而是要追求练习的质量。

一、运球接力

（一）游戏目的

通过让后备球员边运球边进行接力比赛的方式，锻炼队员的运球能力。

（二）游戏方法

（1）将队员分成人数相等的两队，以同一条线为起点，分别排成直线队伍站好。

（2）在距离队伍排头15—20米的地方，分别设置两个标志杆，两杆之间距离为6米。

（3）学生边运球边向标志杆前进，到达标志杆的位置后需要绕过标志杆然后运球回到原点，并将手中的球转交给第二名队员。

（4）两队队员依次完成任务，先完成的一个队伍获胜。

（5）也可以在每个队伍的前方设置更多数量的标志杆，要求队员依次绕过标志杆再回到起点，以增加游戏的难度。

运球接力游戏训练如图7-9所示。

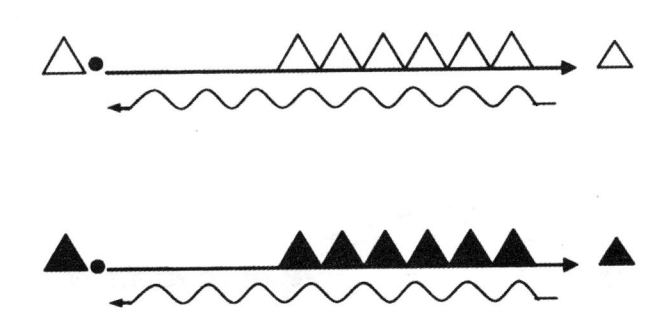

图7-9　运球接力游戏训练

二、射门技术

（一）游戏目的

对队员的反应速度和射门的准确性进行锻炼。

（二）游戏方法

（1）根据个人能力和队伍的整体需要，将队员分成人数相等、实力相当的两个队伍，并成直线排列成队伍。

（2）在距离起点线10米处设置一个篮筐，并且每队各派一名队员站在篮筐的位置负责为其他队员投球。

（3）第一名队员上前将投球队员投来的球向篮筐中踢去，其他队员轮流跟上，先射进10个球的队伍获得胜利。

射门游戏训练如图7-10所示。

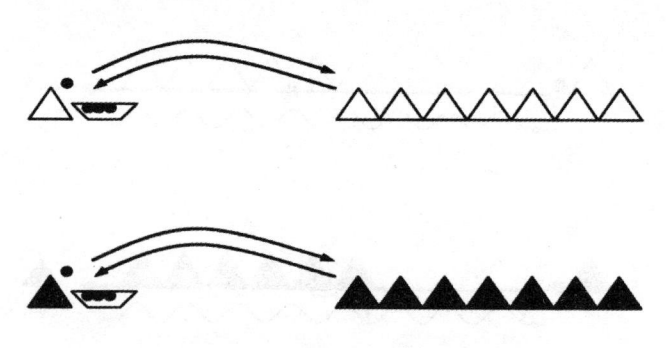

图7-10 射门游戏训练

三、传接球技术

（一）游戏目的

提升队员传球和接球的能力。

（二）游戏方法

（1）将队员分成人数相等的两个队伍，成直线列队站好，每个人都持球。

（2）以队伍排头为起点线的位置，分别在距离两队起点线25米左右处各画一个圆，圆的直径大概为5米，并且两队各派一名队员到圆圈中间作为接球队员。

（3）两队其他队员依次运球向圆圈处前进，圆圈内的队员接住其他队员传来的球并将球放置在圆圈内，先完成所有球的传接工作的队伍为获胜一方。

传接球技术游戏训练如图7-11所示。

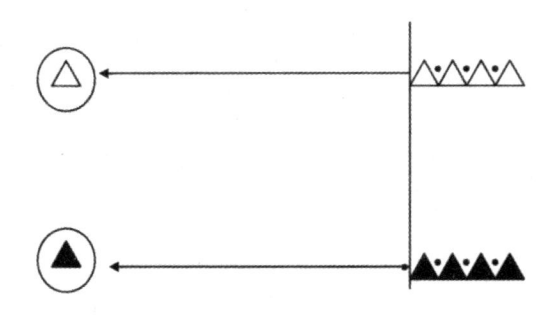

图7-11　传接球技术游戏训练

四、头顶球技术

（一）游戏目的

提高队员的头顶球技术。

（二）游戏方法

（1）将队员分成人数相等、技术相当的两个小组。

（2）队员按照直线方式排列，每两名队员之间的距离大约1米左右，第一名队员用头顶球的方式将球传给第二名队员，并快速跑到队伍最后准备下一次的顶球，第二名队员在接到球之后迅速转身用头顶球的方式将球传递给第三名队员，同样快速跑到队伍的最后做准备。

（3）在规定的时间内完成头顶球数量最多的队伍获胜。

头顶球技术游戏训练如图7-12所示。

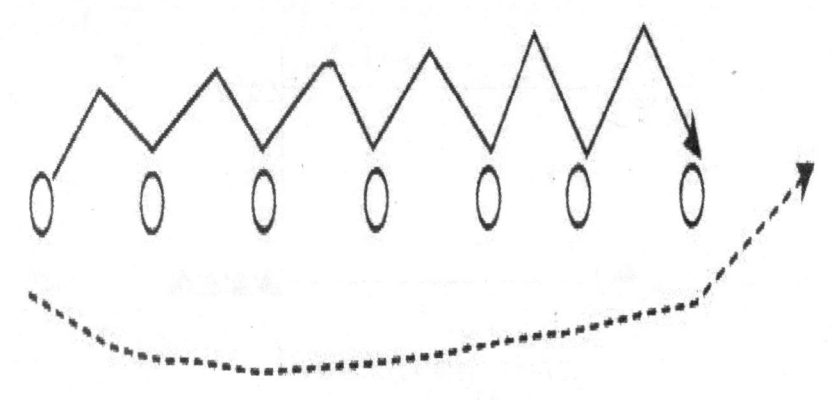

图7-12 头顶球技术游戏训练

第五节 足球战术类游戏学练

战术类游戏是校园足球教学进入到一定程度之后经常会进行的游戏练习。本节将对个人进攻与防守、控制球、三角门、传球与接应、墙式二过一、四对二、传球带球或射门得分等比较经典的战术游戏进行讲解。

一、个人进攻和防守

（一）游戏目的

培养与提高足球后备人才的一对一攻守对抗能力。

（二）游戏方法

在长25米，宽10米的长方形场地上练习，设置小球门，将标志物放在场

第七章　校园足球游戏教学与趣味练习

地一端的底线上，两人一组，一人在球门一侧持球，另一人在对面底线处（图7-13）。

游戏开始，持球者给另一人斜传球，然后迅速向球门前方移动做好防守准备，底线处练习者接球后想方设法带球进入球门，这个过程中会遇到另一人的严密防守，如果防守者成功将球抢断，则互换位置继续练习。持球者成功带球进入球门得1分，得分多的练习者获胜。

图7-13　个人进攻和防守[①]

二、墙式二过一

（一）游戏目的

促进足球后备人才防守技战术能力的提升。

（二）游戏方法

如图7-14所示，三名练习者在面积大小适宜的正方形区域进行游戏，

---

① [美]乔·勒克斯巴切尔（Joe luxbacher）著，马冰等译. 足球训练游戏[M]. 北京：人民体育出版社，2001：65.

其中进攻者两名，防守者一名。两名进攻队员相互配合传接球，将控球权牢牢掌握好。刚开始持球队员给同伴传球，传球后向防守者背后快速跑进接同伴的回传球。在这个过程中，防守者积极抢断，5分钟后，防守者与其中一名进攻者互换位置和角色继续练习。

　　进攻者连续5次成功传球计1分，绕过防守者完成墙式二过一传球计2分。防守者迫使进攻者控球出界或成功抢断球则计2分。规定练习时间内得分多的练习者获胜。

图7-14　墙式二过一

三、传球和接应

（一）游戏目的

对足球后备人才的跑动接应能力、传接球能力进行培养。

（二）游戏方法

如图7-15，在面积大小适宜的正方形区域练习，3人进攻，两人防守。

第七章　校园足球游戏教学与趣味练习

进攻方相互传接球，牢牢掌握控球权，两名防守者积极防守，进攻方连续8次成功传球，得1分，防守方迫使对方传球出界或成功抢断球得1分。规定时间内分数高的组获胜。

图7-15　传球和接应

四、一对一攻守

（一）游戏目的

促进足球后备人才个人攻守技能的提升，使其将运球和掩护球的技巧熟练掌握好。

（二）游戏方法

如图7-16，在面积大小适宜的正方形区域练习，安置一个小球门，将两个锥形旗子或其他标志物放在场地中间。

游戏开始，两名练习者在各自的位置一攻一守，进攻选手带球突破防守且成功穿过球门得1分，当进攻选手控球失败、使球出界或被防守选手将球抢断时，攻守双方互换角色进行练习。每局1分钟，共进行5局游戏，得分多的练习者获胜。

图7-16　一对一攻守

五、四对二（加二）

（一）游戏目的

提高小组战术运用的熟练度和运用效果。

（二）游戏方法

如图7-17，在面积大小适宜的长方形区域练习，在场地两端底线用锥形旗子围成两个小球门。每次参与游戏的两个组各有4名队员，一组为进攻组，另一组为防守组，防守组其中有2名队员在场地上防守，另外2名队员分别在底线的两个球门处担任守门员角色，进攻方将球射入任一个球门均算射门成功，可得分，场上的2名防守者如果成功将球抢断，则要先向负责守门的同伴传球，不可直接射门。最后射门次数多的队获胜。

图7-17 四对二

六、传球、带球或射门得分

（一）游戏目的

提高足球后备人才合理运用个人攻守战术和配合集体攻守战术的能力，并培养良好的耐力素质。

（二）游戏方法

如图7-18，在面积大小适宜的长方形区域练习，在场地两端底线放两个球门，在两地边路用旗子各设置一个小球门。参与游戏的两个队各有6名选手，各派5名选手在场地上进攻或防守，剩余选手各自在底线球门处担任守门员角色。持球组在场区中间开球,组织进攻,相互配合,目标是向对方球门成功射门或带球突破防守穿过边路的模拟球门,达到这两个目标都可以得分,按正式比赛规则进行游戏。规定游戏时间,得分多的队获胜。

图7-18 传球、带球或射门得分

七、控制球

(一)游戏目的

对足球后备人才传球配合中的控球能力进行培养,使其合理使用个人与小组的攻守战术。

(二)游戏方法

如图7-19,在面积大小适宜的长方形区域练习,在场地两端底线放两个球门,参与游戏的两组各5名队员,各派一名队员担任守门员。持球组在场区中央开球，连续10次成功传球或向对方球门成功射门都可得分，第一种情况得2分，第二种情况得1分。防守方可通过断球、抢截球来摆脱被动局面。规定游戏时间，到规定时间后双方互换角色继续游戏，得分多的队获胜。

图7-19 控制球

八、三角门

（一）游戏目的

促进足球后备人才人盯人防守能力和自我保护能力的提升，提高耐力素质水平。

（二）游戏方法

如图7-20，在面积大小适宜的长方形区域练习，在两个半场用锥形旗子中做两个小球门，分两组参与游戏，每组各有3人，没有守门员。其中一队先持球进攻，从三角形球门任何一个边射门都可得1分。防守者积极防守，将三角形球门的每个边都保护好。规定游戏时间，到规定时间后双方互换角色继续游戏，得分多的队获胜。

图7-20 三角门

参考文献

[1]陈红涛.校园足球的育人价值与教学实施研究[M].北京：中国书籍出版社，2023.

[2]朱可.校园足球教学训练及人才培养研究[M].长春：吉林人民出版社，2022.

[3]《校园足球，从这一脚启航》编写组.校园足球[M].北京：新华出版社，2018.

[4][塞]DOKOKOKOVIC著，孙雯译.青少年足球执教手册[M].上海：上海交通大学出版社，2016.

[5]戈莎.中小学校园足球开展现状调查与分析研究[J].当代体育科技，2020（6）：27-28.

[6]王俞生，周芳.黄岛区初中校园足球的可持续发展研究[J].体育科技文献通报，2020（3）：82-84.

[7]谭新旺.校园足球可持续发展的系统分析与评价研究[J].教育现代化，2017（16）：101.

[8]李卫东，刘艳明，李溯.校园足球发展的问题审视及优化路径[J].上海体育学院学报，2019（5）：32-35.

[9]凡庆涛，谢海涛.我国图情领域部分文献计量学者研究领域综述[J].情报探索，2019（9）：59-60.

[10]秦旸，刘志云.校园足球政策演进特征与新时代发展趋势[J].北京体

育大学学报2019（6）：56-57.

[11]汪海浩.校园足球后备人才培养管理体系探讨[J].当代体育科技，2021，11（05）：251-253.

[12]顾丽燕.运动医务监督[M].北京：北京体育大学出版社，2009.

[13]卢元镇，张新萍，周传志.2008年后中国体育改革与发展的理论准备[J].体育学刊，2008（2）：1-6.

[14]张廷安.我国校园足球未来发展中应当确立的科学发展观[J].北京体育大学学报，2015（1）：106-113.

[15]胡庆山，曾丽娟，朱珈萱，王健.校园足球热的审思——兼论中国青少年足球后备人才的培养[J].北京体育大学学报，2016（1）：126-131.

[16]张辉.我国布局城市校园足球人才培养体系研究[D].北京：北京体育大学，2011.

[17]徐伟宏.构建新型"小学—中学—大学"一条龙竞技体育后备人才培养模式[J].武汉体育学院学报，2012（11）：78-81.

[18]黄德沂，丘乐威，焦峪平.完善我国青少年校园足球培养体系的对策研究[J].体育文化导刊，2014（6）：124-128.

[19]刘伟.教体结合培养高素质竞技体育人才[J].中国高等教育，2013（5）：58-60.

[20]胡小明.从"体教结合"到"分享运动"——探索竞技运动人才培养的新路径[J].体育科学，2011（6）：5-9.

[21]张辉.未来我国校园足球发展的注意问题——以我国首批校园足球布局城市学校足球发展情况为借鉴[J].北京体育大学学报，2016（5）：24-30.

[22]毛振明，刘天彪，臧留红.论"新校园足球"的顶层设计[J].武汉体育学院学报，2015（3）：58-62.

[23]张辉，张廷安.我国布局城市校园足球竞赛体系的研究[J].北京体育大学学报，2012（10）：134-139.

[24]张辉.我国校园足球后备人才培养机制研究[J].体育文化导刊，2017（10）：140-144.

[25]崔佳琦，王文龙，邢金明.我国竞技体育后备人才"体教融合"培养模式研究述评[J].吉林体育学院学报，2022，38（02）：64-72.

参考文献

[26]毛振明，查萍，洪浩，孙思哲，钱娅艳，何宜川.从"体教分离"到"体教融合"再到"体回归教"的中国逻辑[J].体育学研究,2021,35（4）：1-8.

[27]王家宏，董宏.体育回归教育：体教融合的现实选择与必然归宿[J].北京体育大学学报，2021，44（1）：18-27.

[28]杨桦，刘志国.体教融合：中国特色竞技体育后备人才培养模式转化与创新[J].成都体育学院学报，2021，47（3）：1-8.

[29]孙科，刘铁军，马艳红等.中国特色体教融合发展思考一对《关于深化体教融合促进青少年健康发展意见）的诠释[J].成都体育学院学报，2021，47（1）：13-20.

[30]柳鸣毅，孔年欣，龚海培等.体教融合目标新指向：青少年健康促进与体育后备人才培养[J].体育科学，2020，40（10）：8-20.

[31]王文龙，崔佳琦，米靖，邢金明.我国竞技体育后备人才培养制度的演进逻辑与展望——基于历史制度主义分析范式[D].体育学刊，2021，28（6）：51-58.

[32]于文谦，季城.体教融合背景下体育中考的热效应与冷思考[J].西安体育学院学报，2021，38（3）：360-365.

[33]唐炎，陈佩杰.体教融合发展中的高考动力因素[J].上海体育学院学报，2020，44（10）：28-33，47.

[34]钟秉枢.体教融合背景下青少年体育赛事体系完善的路径研究[J].体育学研究，2020，34（5）：13-20.

[35]郭振，茹亚伟，毕金泽.我国大学高水平运动队的体教融合研究"清华模式"的探索[J].北京体育大学学报，2021，44（1）：43-51.

[36]崔佳琦，邢金明，王文龙.核心素养视角下我国冰雪运动特色学校建设研究[J].体育文化导刊，2020（6）：92-97.

[37]柳鸣毅，孙术旗，胡雅静等.我国高等体育院校体教融合策略[J].体育学研究，2020，34（5）：21-30.

[38]曲鲁平，孙伟，凌波等.体教融合视域下体育传统特色学校与青少年业余俱乐部协同发展联动机制的研究[J].天津体育学院学报,2021,36（5）：512-519.

[39]柳鸣毅,但艳芳,张毅恒.中国体育运动学校嬗变历程、现实问题与治理策略研究[J].体育学研究,2020,34(3):64-77.

[40]阳艺武.基于知识图谱的我国竞技体育后备人才培养研究热点及演化[J].上海体育学院学报,2015,39(2):73-79.

[41]杨烨.教育学视野中的竞技体育人才培养[J].上海体育学院学报,2006,30(2):61-64.

[42]孙国友,顾齐洲.我国高校"教体融合"长效机制构建研究[J].山东体育学院学报,2015,31(5):110-113.

[43]翟丰,张艳平."混合型"体教结合模式向"体教融合"模式的发展[J].体育学刊,2013,20(4):90-92.

[44]陈道裕,周奕君,陈显健."教体结合"培养高素质竞技体育后备人才的研究——以浙江省为例[J].体育科学,2006(1):82-85,95.

[45]李波,刘金鹏.教体结合对体育传统项目学校发展的促进研究[J].当代体育科技,2018,8(18):126-127.

[46]单凤霞,郭修金,陈德旭.让"体教结合"走向"体教共生"[J].体育学刊,2017,24(5):88-92.

[47]马玉芳,李勇.关于我国实施"体教融合"的体制难点及制度设计的研究[J].体育与科学,2014,35(3):88-92,110.

[48]刘仲豪,陈健.对"教体结合"理论依据的审思[J].湖北体育科技,2018,37(1):76-78,16.

[49]刘伟,尚梦玉,潘昱峰."教体结合"视角下北京市普通中学足球队参训现状及影响因素研究:基于个案的研究[J].首都体育学院学报,2019,31(1):75-79.

[50]刘仲豪,陈健,吴友良.对"教体结合"的博弈论思考[J].体育研究与教育,2017,32(6):56-59.

[51]刘伟,潘昆峰."教体结合"组织发展困境——基于多重制度逻辑视角[J].北京体育大学学报,2018,41(3):54-59.

[52]杨烨.教育学视野中的竞技体育人才培养[J].上海体育学院学报,2006,13(2):61-64.

[53]翟丰,张艳平."混合型"体教结合模式向"体教融合"模式的发展

[J]. 体育学刊，2013，20（4）：90-92.

[54]刘伟. 我国教体结合模式的困境及破解方案[J]. 体育文化导刊，2018（11）：115-119，152.

[55]马玉芳，李勇. 关于我国实施"体教融合"的体制难点及制度设计的研究[J]. 体育与科学，2014，35（3）：88-92，110.

[56]刘伟，潘昆峰. 市场逻辑与高校"教体结合"发展——北京理工大学足球俱乐部模式的探讨与反思[J]. 内蒙古财经大学学报，2017，15（5）：90-95.

[57]崔佳琦，王文龙，邢金明. 多重制度逻辑视域下中国职业体育组织高质量发展困境与协调思路[J]. 体育学刊，2022，29（1）：36-44.

[58]邢中有. 我国"教体结合"若干发展问题刍议[J]. 山东体育学院学报，2013，29（2）：110-115.

[59]贾志强. 改革创新背景下我国竞技体育可持续性发展研究[J]. 北京体育大学学报，2017，40（2）：1-9.

[60]初少玲. 上海市体教融合的实践探索与理论分析[J]. 山东体育学院学报，2013（3）：53-55.

[61]钟秉枢. "教体结合"？[J]. 中国学校体育，2017（11）：2-3.